VÍCTOR AMAT es psicólogo. Ejerce como psicoterapeuta, formador y también colabora en varios medios. Fue campeón de Europa en kickboxing y su experiencia como luchador y entrenador le ha servido para moldearse como experto en estrategia y persuasión. Actualmente dirige el posgrado en Intervención Breve y ha creado la Escuela Palo Bajo, donde imparte sus enseñanzas a otros profesionales de la salud de habla hispana. Contribuye como docente en destacadas instituciones públicas como el Institut Català de la Salut y la Generalitat de Catalunya, además de varias universidades. Es padre de tres hijos. Y es punk.

www.victoramat.es
www.cetebreu.es
www.escuelapalobajo.com
@victoramat01
@victoramat01
@victoramat01

Papel certificado por el Forest Stewardship Council®

Penguin
Random House
Grupo Editorial

Primera edición con esta encuadernación: julio de 2025
Reimpresión: julio de 2025

© 2022, Victor Amat
© 2022, 2025, Penguin Random House Grupo Editorial, S. A. U.
Travessera de Gràcia, 47-49. 08021 Barcelona
Diseño de la cubierta: Sophie Guët
Fotografía de la cubierta: © Sophie Guët

Printed in Spain – Impreso en España

ISBN: 979-13-87652-14-2
Depósito legal: B-8.758-2025

Impreso en Liberdúplex
Sant Llorenç d'Hortons (Barcelona)

BB 5 2 1 4 A

Psicología Punk
Contra el pensamiento positivo y naif

VICTOR AMAT

ÍNDICE

Para Bet,
que me abrazó en Vall d'Hebron
y aún lo hace

PRÓLOGO

PRÓLOGO

¡Eh! ¡No pases de mí! No soy un prólogo como los demás. Vengo a presentarte un libro realmente singular. Vale, ya sé que lo sabes porque por algo lo tienes entre tus manos, pero ¿sabías que leerlo te puede ayudar a dejar de ser un grano en el culo para ti mismo?

No te lo tomes como algo personal, todos estamos en la misma situación: todos somos seres humanos sin ni puta idea de cómo funciona nuestra mente, lo cual nos lleva a cagarla una y otra vez. Sin embargo, que estés leyendo este libro ya demuestra que tienes cierto interés por conocerte mejor y tal vez eso te ayude a cagarla menos o a cagarla con más estilo (algo que a buen seguro tus seres queridos agradecerán).

Últimamente se habla mucho sobre salud mental y existen montones de libros sobre psicología, así que ¿cómo saber si hemos acertado con este?

Pues te lo cuento yo. En este libro:

- No vas a encontrar consejos vacíos de una persona sin empatía que habla desde sus privilegios y sin tener en cuenta el contexto.
- No vas a ver fórmulas absurdas de positivismo tóxico que te hagan sentir culpable de estar mal.
- No verás teorías complejas o enrevesadas que se te olvidarán al mes siguiente de leer el libro.
- No encontrarás la manera de seguir unos pasos para convertirte en alguien que no eres.
- No encontrarás información basada en el «amimefuncionismo».

Victor es un tío majo que tiene la gran virtud de ser claro, directo y tocar donde duele, pero con gracia. Creo que eso le viene de su pasado como boxeador. Él no quiere que estés de acuerdo con lo que dice, quiere que te cuestiones lo que crees. Si después de leer el libro este te parece una mierda, pero algo ha cambiado en tu manera de ver las cosas, para Victor habrá valido la pena.

Su forma de entender la psicología se basa en que las putadas de la vida son inevitables (por ejemplo: los accidentes, las enfermedades, etc.). Para él no se trata de aprender a no sufrir, porque a estas alturas ya debes de saber que no se puede, sino de sufrir más eficazmente. La clave es llevar el sufrimiento con la mayor dignidad posible, y para eso es urgente dejar de creer en las chorradas de *Mr. Wonderful*.

Llevamos tanto tiempo oyendo que tenemos que animarnos y relajarnos cuando estamos mal que se nos ha olvidado que hay momentos en los que debemos permitirnos estar mal y que necesitamos aprender a llevarnos bien con ese malestar. Precisamente esa necesidad de «sobregestionar» las emociones difíciles (como el miedo, la tristeza o el enfado) es lo que muchas veces acaba haciendo que necesitemos ir al psicólogo.

En estas páginas puedes encontrar resumidos más de veinte años de psicoterapia de un psicólogo que no ha parado de reinventarse y que ha sentido la necesidad de acercar la psicología desde una perspectiva opuesta a las chuminadas infantiloides del pensamiento naif. Él lo llama #psicologíapunk.

En este libro se pretende:

- Que comprendas por qué a veces haces cosas que no quieres hacer sin sentirte gilipollas.
- Que entiendas más sobre los entresijos de tu mente de una forma desenfadada y directa.
- Que te partas el culo leyendo cosas que te hagan replantearte algunas de tus creencias, que en el fondo no son culpa tuya, ¡pero es que eres el único que las puede cambiar!

Si te mola que te hablen claro, si te hierve la sangre cuando alguien te dice «no estés triste» o «relájate», si quieres saber por qué te pasa lo que te pasa y además quieres reírte por el camino, este libro es para ti.

Y ahora ya sí, te dejo con mi admirado Victor y su *Psicología Punk*.

@lapsicólogajaputa

INTRODUCCIÓN

Psicología Punk

Nací para revolucionar el infierno.

MANUEL VÁZQUEZ MONTALBÁN

La finalidad de este libro es sacudir los cimientos de todo lo que has leído hasta ahora sobre la psicología de autoayuda. No sé si sabes que los libros editados sobre este tema están pensados para dar sugerencias generales, con las que todos podemos identificarnos. Pero tú eres único. Por eso, lo más habitual es que tengas diez libros de esos en la estantería y sigas estando jodido.

Como psicólogo, siempre he pensado que la buena terapia debe estar hecha a medida para ti. A fin de cuentas, eres el protagonista de tu vida y no deberías conformarte con el *pret-a-porter.*

En el mundo de la autoayuda hay mucho flipado y,

como me importas, tengo delante de mí un verdadero reto. Voy a demostrarte que, cuando hablamos de expertos, redes sociales o libros, no es oro todo lo que reluce.

Lo que vas a encontrar aquí es una pincelada de realidad. La Psicología Punk te va a aportar una mirada fresca y tranquilizadora. Tras más de veinticinco años tratando a personas con problemas, he descubierto que, a menudo, sufres más por no querer sufrir que por lo que está ocurriendo. Te han dicho que no temas porque las cosas que te hacen sufrir probablemente nunca ocurrirán, así que deberías tranquilizarte.

Yo voy a decirte lo contrario: tienes que aprender a preocuparte *mejor*.

Han bombardeado tu mente con ideas que, en lugar de sacarte del apuro, hacen que te juzgues y te sientas fatal por no ser maravillosa, por no estar buenorro o por ser solo un padre «normal». A través de las redes, vas a compararte con esas caras sonrientes que te dicen cómo debes vivir tu vida, y si no eres capaz de seguir sus ideas te sentirás gilipollas.

Pretendo que desarrolles un poco más tu pensamiento crítico. Y, ojo, eso no es lo mismo que criticar, significa tener una opinión fundamentada. A lo largo de estas páginas, puedes discrepar conmigo tantas veces como quieras, pero, por favor, piensa por ti mismo.

Ha llegado el momento de abandonar la ingenuidad.

¿Sabes que me jode mucho? Las personas que recitan los mantras de moda, así, a lo tonto. No voy a dejarte hacerlo. ¡Ay como te pille soltando frases prefabricadas que suenan como un tonel vacío cayendo por la escalera! «Piensa en grande», «Las crisis ocultan oportunidades», «Te recuerdan por tu actitud, no por tu currículum», «Si caes siete veces, te levantas ocho» o esa tan bonita de «Esto te ha sucedido para que aprendas algo».

¡Menuda mierda de creencias! Son tan banales y repetidas como esos chistes que de pronto todo el mundo comparte y acaban aburriendo porque ya no te sorprenden. A menudo hacen más mal que bien. A pesar de su buena intención, no te ayudan, y mi propósito es explicarte por qué muchas de esas propuestas no te funcionan.

En estas páginas encontrarás capítulos dedicados al sufrimiento por las dificultades de la vida, al miedo, al deseo de ser quien no eres, a los problemas que acarrean las relaciones, a los follones del trabajo y a las mierdas de la autosuperación. Leyendo este libro vas a descubrir cosas chocantes sobre ti mismo. Verás cuántas veces complicas los problemas en lugar de mejorarlos.

Si te has gastado el dinero en busca de consejos, aquí no vas a encontrar demasiados, pero estoy convencido de que te vas a sorprender.

Mi objetivo es que *pienses diferente*.

Me gané el apelativo de «punk» gracias a las conferencias que organizó mi amigo Josep Darnés, autor del libro *La burbuja terapéutica*. Nos tomamos una birra unos días después de que yo hiciera una de esas charlas llamadas TEDxTalks. Mientras nos reíamos un rato, le conté a Josep que me había sentido muy encorsetado con las reglas que esa organización exigía en las conferencias. Nada de palabrotas, ni de moverme demasiado, cuidado con mis gestos..., en fin, un show muy puritano en el que no podía ser yo mismo. Tras escucharme, Josep dijo: «¡Bah!, tío, organizamos unas charlas paralelas en un bar y las llamamos *Punk Talks*. ¡Así te quitas el mal rollo!». La idea me flipó y acabé dando un par de conferencias Punk, organizadas de manera brillante por Josep y otros amigos. Puedes encontrar en YouTube el nacimiento de esta idea. Ahí, cerveza en mano, surgió el concepto «Psicología Punk». Una psicología a tu servicio, que rompe con muchos de los mitos que existen y que no suelen servir para nada. La idea es ser *simplejo*:* poder explicar lo complejo de una forma muy sencilla.

Caldo de huesos para tu cerebro

> Las dos cosas que te harán más sabio:
> Sé cuidadoso con los libros que lees, y con
> la gente que conoces.
>
> RANJITSIHN DISALE
> (Ganador del *Global Teacher Prize*)

Cuando empecé a escribir este libro, soñé con que tenía que ir a una reunión de trabajo. Me perdía por el camino,

---

* La *simplejidad* es la capacidad de hacer parecer simple algo complejo, sin convertirlo en una memez. Es una palabra medio inventada por mi compañero de CETEBREU (Centro de Terapia Breve de Barcelona) Toni Piera y un servidor.

pero al final, angustiado, llegaba a mi destino. Era un edificio desvencijado, uno de esos lugares llenos de locales industriales. Me atendió la conserje del recinto, que me dijo que las personas con las que tenía que reunirme no estaban. Aun así, habían dejado algo para mí. Me dio una especie de paquete, envuelto con una hoja de papel. Un folio en blanco. Y dentro de él, unos huesos de jamón. Extrañado, le conté ese sueño a mi psicóloga y me dijo que con esos huesos la gente humilde hace unos caldos muy sabrosos. Soy de barrio pobre, de modo que entendí el mensaje del sueño: estaba solo, un poco angustiado frente al papel en blanco, pero con el material que tenía podía hacer un buen caldo de huesos de jamón.

Parece una cosa sencilla, pero en realidad encierra un gran poder nutritivo.

Te dejo a ti, que eres protagonista de estas páginas, decidir cuál es el grado de profundidad con el que las vas a leer. Puedes nadar en la superficie o puedes animarte a bucear un poco e ir más al fondo. La experiencia me dice que cuanto más desciendas, más bonitos y valiosos serán los peces que verás.

Divulgar significa «hablar para el vulgo», es decir, hablar para que todos te entiendan. Si esperas leer un libro muy técnico y cargado de citas bibliográficas, pide que te devuelvan la pasta o regala el libro a algún cuñado tuyo que te caiga gordo. En realidad, escribo desde mi experiencia y la de mis pacientes y alumnos. A veces, te parecerá que hablo en broma, pero te aviso: siempre lo hago en serio.

Está escrito para que lo puedas leer con facilidad, espero no ofenderte con ello. Además, cada capítulo puede ser leído de manera independiente y en el orden que quieras, aunque, si lo lees tal y como está publicado, será como descender por la corriente suave de un río.

He escrito como soy. No puedo engañar a nadie, nací en la periferia de la Barcelona de los años sesenta, en la época de los quinquis, los Chunguitos y la heroína. Me gané la vida peleando como profesional en cuadriláteros de todo el mundo. Desde aquellos tiempos, han pasado casi treinta años y mi Psicología Punk le debe mucho a esa experiencia de vida. Desde entonces, estoy dedicado al mundo de la psicología, la psicoterapia, la docencia y la divulgación. He trabajado con miles de personas y las he acompañado a manejarse lo mejor posible con su vida. Les debo mucho a estas personas, ellas me lo han enseñado todo.

Aquí encontrarás al Victor que puede coincidir contigo en la cola del mercado de Horta,* en Barcelona. Heredé de mi abuela materna, la más sabia de las analfabetas, la manera de contar las cosas, y de mis padres, la habilidad para buscarme la vida. Ahora bien, si quiero definir mi misión, la voy a resumir en un tuit:

> Estoy aquí para ocuparme de que vayas con cuidado con las mierdas.

No quiero que te la cuelen esos personajes que pontifican sin tener en cuenta lo difícil que es tu vida.

Por eso, en estas páginas voy a tratar de tomarte la medida.

---

* Me gusta el mercado. Algunas de las personas que trabajan allí me siguen por las redes sociales ¡y me dicen cuando no están de acuerdo conmigo!

1

EL PENSAMIENTO NAIF

¿Eres consciente de tu fragilidad?

Para todos los nacidos
bajo una estrella enfadada
No olvidemos lo frágiles que somos.

STING, «Fragile»

Hace algún tiempo, tuve una pesadilla en la que, frente a una pandemia mundial, los gobernantes le decían a la gente: «No se preocupen, ¡todo irá bien!». Espero que se quede ahí, en un sueño, y que algo así nunca suceda en realidad. Y es que toparnos con la vida es una de las cosas que más duele. Es como un rayo que te atraviesa sin que puedas hacer nada para remediarlo. Cuando lo hace de manera fluida es una suerte, pero a veces se nos atasca y acaba por achicharrarnos.

Quizá no te guste lo que ahora voy a decirte: a lo largo de tu vida te tocará enfrentarte a situaciones desagradables, como por ejemplo un duelo o una pérdida. Más vale que aceptes que la realidad es así, porque cuando antes lo asimiles menos energía vas a gastar.

Vivimos en unos tiempos en los que parece que lo normal sea que todo vaya bien y que nada malo te puede suceder. El hecho de que vivas en el primer mundo te ha hecho creer que lo tienes todo bajo control. Te has acostumbrado a que, si te encuentras mal, puedes ir al médico y este resolverá tu malestar. Si abres el grifo vas a tener agua caliente, mantienes la comida en buen estado en tu nevera y tienes un montón de aplicaciones en el teléfono que parece que te solucionan la vida.

En algún lugar, alguien está encantado de que pienses que estás a salvo en sus manos. Es una voz amiga que te susurra: «No te preocupes de nada, nosotros nos ocupamos». Si te hacen pensar que todo irá bien, estarás más tranquilo y relajado, ¿verdad?

Como ser humano, estaría bien que reconocieras que la incertidumbre te provoca un cierto miedo. Es cierto que ya no vivimos en la Edad de Piedra y no tenemos que preocuparnos por la lluvia o los truenos, pero estamos mucho más a merced del azar de los que nos gustaría. Ese componente de la vida que escapa a tu control te acaba poniendo nervioso y hace que te sientas inseguro.

¿Quién quiere sentirse vulnerable, inseguro y frágil? Nadie. Vas a tratar de encontrar en el mercado de la felicidad la forma de sentirte seguro, porque ese cóctel emocional te pone en disposición de *comprar* lo que sea.

Puede que te parezca un conspiranoico, pero el asunto

tiene algo de perverso. Por un lado, sentirse vulnerable es humano y, por el otro, a alguien le puede interesar la idea de que creas que puedes tener superpoderes si dispones de una tarjeta de crédito.

Ándate con cuidado, porque el lado oscuro de esta propuesta es que dependes cada vez más de esa superestructura que te provee y recibir tanta «ayuda» va a acabar incapacitándote. Cada vez estarás menos acostumbrado a hacerlo tú, pues el hecho de que otros se ocupen de tus preocupaciones te conduce, de manera casi imperceptible, a ir perdiendo confianza en tus propias capacidades.

Es un buen truco por parte del sistema para tenerte bien cazado.

Una sociedad de sobreprotegidos

> El mundo te preguntará quién eres, y si no lo sabes te lo dirá.
>
> C. G. Jung

Si has creído que otras manos son más fiables que las tuyas, debes recordar que el sistema puede tener intereses. De hecho los tiene, como puedes intuir. No es extraño que los algoritmos acaben decidiendo de qué te debes preocupar. Como si fueras un niño, alguien en algún lugar acaba marcando qué cosas has de hacer para que todo siga igual y sientas que todo está bien. No te quiero dar mal rollo, pero si te dejas hacer, acabas en cualquier lugar menos donde te gustaría estar. Las grandes corporaciones diseñan muy bien las ideas que te conviene tener para mantener la maquinaria bien engrasada. Imagina a unos padres que quisieran educar a sus hijos en su propio beneficio, dándoles y haciéndoles creer aquello que les interesa. Protegiendo y aislando a sus hijos, mientras les anulan la capacidad de pensar de manera crítica, estarían criando a personas a su disposición. Seres que funcionarían de la forma esperada, creyendo que aquello que piensan y desean es resultado de su libre albedrío.

Tal vez la sociedad en la que estás inmerso se comporta como esos padres. Te está protegiendo interesadamente y te está diciendo lo que debes pensar. ¿Te crees libre? Ni lo sueñes. Mira a tu alrededor y te sobrecogerá como todos repetimos mantras absurdos, como recitamos frases que nos han hecho leer en Pinterest una y otra vez.

Vienen curvas

Hace pocos meses, iba con mi familia en coche a descansar a los Pirineos. En una de las curvas de la autopista, perdí la adherencia de la rueda trasera. Con la humedad y el hielo, el coche se descontroló y, a pesar de mis años como conductor, no pude mantener la dirección, dimos un par de vueltas sobre el asfalto y acabamos bocabajo en la cuneta de la carretera. Por fortuna, no nos hicimos casi nada, tan solo alguna magulladura, aunque he de decir que el vehículo quedó para el arrastre. Durante los segundos en los que aterrizamos, me dio tiempo a preguntar a todos «¿Estáis bien?». Todos gritaron que sí y salimos con bastante esfuerzo del coche mientras otros conductores venían a asistirnos. Fue una experiencia de shock. Vinieron la policía, la ambulancia y los bomberos, todos nos cuidaron. Sin embargo, escribo esto y aún tiemblo al darme cuenta de lo cerca que estuvimos de vivir un desastre, en el que la vida pendió de un frágil hilo. A la mañana siguiente, rememoramos el accidente mientras desayunábamos. Pregunté a mi familia: «¿Habéis tenido *flashbacks* (recuerdos o imágenes vividas que producen malestar) del accidente esta noche?». Mi sobrina, que viajaba con nosotros, me dijo que sí. Que las imágenes le venían una y otra vez, e incluso que había soñado con eso. Veía la escena y no podía dejar de pensar en que el coche estaba destrozado.

No te sientas mal

Dame cinco minutos para proponerte un pequeño juego. Si estuvieras en mi lugar y hubieses sobrevivido a esa experiencia traumática, ¿qué es lo que le habrías dicho a mi sobrina de haber estado en nuestro desayuno?

- No pienses en eso, ya pasó.
- Hemos sido afortunados, no nos ha pasado nada, estamos a salvo.

- No te preocupes por el coche, afortunadamente el seguro se hará cargo.
- Puedes estar tranquila, no tiene por qué volver a pasar algo así.

He puesto cuatro posibles respuestas tranquilizadoras, pero podría haber muchísimas más. Sin embargo, ¿cuál es el nexo común en todas ellas?

Las afirmaciones anteriores contienen un mensaje aparentemente tranquilizador, «no te sientas mal», y cuando te sientes mal es muy chungo conseguir sentirte bien en un instante.

El pensamiento naif

Dice la Real Academia de la Lengua que la palabra «naif» hace referencia a un tipo de arte o artista que se expresa con «ingenuidad deliberada, imitando la sensibilidad infantil», aunque coloquialmente lo usamos para definir a alguien como ingenuo o inocente. Así pues, ser naif es ser una especie de persona ingenua y bobalicona.

El pensamiento naif es un tipo de esquema mental que, a pesar de ser bienintencionado, es banal. Y no solo es banal, además puede hacer mucho daño. Cuando un tratamiento médico causa daño en lugar de curar, lo llamamos «iatrogenia». El pensamiento naif es iatrogénico.

¿No te parece ingenuo pensar que si estás mal te vas a poner bien solo con desearlo?

¿No es absurdo que si sientes miedo pretendas no sentirlo?

Cuando te he hablado de nuestro accidente, te he propuesto posibles frases tranquilizadoras que parecen lógicas dada esa situación y que, con toda probabilidad, cualquier persona bienintencionada diría. Esas frases pretendían cumplir un propósito básico: ayudar a mi sobrina a estar más tranquila con el hecho de recordar el episodio traumático que nos había sucedido.

La presuposición que se halla detrás de eso es que un pensamiento tranquilizador nos lleva a tranquilizarnos.

¿Sabes qué ocurre? Que no funciona así.

Eso es exactamente el pensamiento naif: pretender que el monstruo no te va a comer porque te tapas con la sábana.

Diseñado para sobrevivir

Imagina que estás en medio de una pandemia mundial. ¿Qué van a decirte los dirigentes? «No te preocupes, todo irá bien».

Nuestra neurología está diseñada para la supervivencia, lo único que deseamos es seguir viviendo para poder reproducirnos y preservar la especie. Tu sistema nervioso está preparado para prevenir dificultades, ataques, problemas. De esa capacidad de prevenir depende que tú y tus seres queridos podáis seguir existiendo.

Es por eso que nuestro cerebro tiene mucha memoria

cuando se trata de malos rollos y experiencias negativas. Lo recuerda de manera fija, aprende rápido. Así es como funcionas realmente. Si te quemas al tocar el fuego, ¿cuánto tiempo tarda tu cerebro en aprenderlo? Es un aprendizaje instantáneo.

¿Cuánto tiempo dura ese aprendizaje? Dura toda la vida. Frente a situaciones de peligro, tu aprendizaje es rápido e indeleble. Es como si el cerebro dijera: ¡Ay, esto no puede pasarte nunca más!

Tienes una buena noticia y una mala: la buena es que aprender a entender cómo funcionas te va a resultar muy útil; la mala es que, cuando el cerebro toma el mando, puede ser una pesadilla.

Cualquier acontecimiento peligroso o potencialmente dañino va a activar tus sistemas de alarma, y todas esas informaciones son atractores poderosos orientados a poner tu culo a salvo. Cuando esta alarma se dispara, no creas que hay muchas cosas que puedas hacer. Cuando el sistema se pone en marcha, toma el control y sientes que todo se escapa de tus manos y de tu voluntad.

Pretender entonces tranquilizar a un cerebro disparado y alerta suele ser una estrategia poco útil, es como si queremos decirle a un niño que se ha hecho daño: «Oh, cariño, no duele». Si hacemos eso, probablemente el niño nos mirará con desconfianza y, lo que es peor, seguirá sintiendo dolor.

El engaño del pensamiento naif

> Esperar que la vida te trate bien por ser buena gente es como pretender que un tigre no te coma porque eres vegetariano.
>
> Frase atribuida a BRUCE LEE

Una vez que has aprendido que algo es arriesgado para ti, tus mecanismos de alarma toman el control. Estos circuitos no están diseñados para realizar una reflexión razonada acerca de lo que sucede, están ahí para activarte y dar con la respuesta a las situaciones complicadas. Los acontecimientos potencialmente desagradables generan excitación y tu organismo propone dos tipos de respuesta. Los psicólogos nos referimos a estas respuestas como las dos F del inglés: *Fight or flight*.

Es importante que sepas que tu cuerpo se activa, o bien para pelear en contra de la amenaza o bien para huir de ella. (*Fight* significa «pelear» y *Flight* puede traducirse como «poner pies en polvorosa»). Tu cuerpo pasa completamente de responder razonando o tratando de contener el problema. El cuerpo tiene sus respuestas automatizadas, y te va a estresar. Imagina que caminas por la calle y, al doblar la esquina, te encuentras un perro amenazador. ¿Cómo responde tu organismo? ¿Te da tiempo a pensar si el perro es bueno o no? ¿Si esa potencial amenaza es una interpretación equivocada? La respuesta de tu cuerpo es inmediata, y lo será mucho más si tienes experiencias previas con perros amenazadores. Si tu cerebro controla, pasas a un segundo plano. Si te quemas con un fuego, no vas a ir probando otros fuegos. Debes saber que un perro al que ha mordido una serpiente huye hasta de una longaniza.

La base del pensamiento naif se sostiene sobre la idea, apoyada por muchas escuelas de psicología, de que un pensamiento negativo o de miedo puede ser neutralizado por otro opuesto. Nos sugiere que podemos sustituir una emoción poderosa por otro tipo de sentimiento.

No es así ni de coña. De hecho, decir eso es no tener idea de cómo funciona nuestro sistema nervioso. Reaccionar de forma reflexiva en una situación de estrés requeriría de mucho entrenamiento y de algunos perfiles muy estrictos de personalidad (por ejemplo, atletas de élite o personal de fuerzas especiales, cuerpos de seguridad, militares, bomberos o gente muy especializada y entrenada). Simplemente no va a ocurrir. Cuando pase algo chungo, tu sistema nervioso se va a poner a hacer palomitas en tu mente. Vas a empezar a sentir cosas raras, aparecerán imágenes aterradoras en tu cabeza y te encontrarás muy extraña o extraño. Por tanto, tratar de sumarle a ese momento un pensamiento «neutralizador» va a ser una acción fracasada que te va a llevar, además, a pensar muy mal de ti mismo al ver que, a pesar de tus intentos de manejar la dificultad de modo razonable, el problema se mantiene.

La baja autoestima tiene que ver con eso. Estás tratando de resolver un problema con unas recomendaciones que, sencillamente, no funcionan para nada. ¿Qué va a pasar cuando te sientas fracasado después de tratar durante años de resolver una dificultad? Tu autoestima se va a ir al carajo.

Lo que te digo es fácil de entender: si tus intentos voluntarios de dominar la situación no funcionan, te vas a sentir inadecuado o torpe.

Es como si tratas de bajar el ritmo de los latidos de tu corazón voluntariamente cuando has subido corriendo las escaleras del metro, diciéndote «ralentiza los latidos, anda». Después del esfuerzo, tu corazón necesita tiempo para normalizar su frecuencia y, por más que le sugieras un cambio, tu activación está siguiendo un circuito diferente. Va a su bola.

Al intentar imponer en vano una sensación, un pensamiento o un intento de control de esa reacción, tu autoimagen se verá afectada y creerás que eres patético por no ser capaz de controlar la situación.

Soy feo

Hace unos meses, atendí a un joven en mi consulta. Era un chaval de unos veinte años, alto y delgado. Se presentó con aspecto desaliñado, vestido con un chándal negro y un gorro de lana encasquetado en la cabeza. Me contó, casi sin mirarme, cuan desgraciada era su vida y me habló de la desconfianza que sentía al ser tratado por psicólogos. «Mi caso —dijo— no tiene solución».

Había hecho un tratamiento psicoterapéutico con una buena psicóloga, a la que conozco de oídas. Él le había contado que apenas salía de casa, que se sentía muy poco agraciado y que pensaba que no tenía ningún interés para las mujeres. Ello le causaba mucho dolor y muchos sentimientos de inadecuación. «Soy feo», repetía entre sollozos.

Cuando atiendo a una persona, siempre trato de investigar qué cosas ha hecho hasta el momento para resolver su problema, y de ahí salió la información de que había realizado algunas sesiones con la mencionada psicóloga. Como soy un cotilla, le pregunté también qué le había propuesto la psicóloga para ayudarlo a él a ayudarse a sí mismo. La doctora le había dicho:

- Tu pensamiento no es real, en realidad la belleza es subjetiva y bien podrías gustarle a alguien.
- El hecho de pensar que eres feo tal vez te lleva a no arreglarte, y eso lo empeora todo.
- Podrías salir a la calle pensando que tampoco eres tan feo, arreglarte y sonreír; al sonreír generas hormonas que te hacen sentir mejor.
- Puedes pedir a tus amigos y amigas que te escriban una nota diciéndote las cosas buenas que tienes y si te encuentran tan feo como crees.
- Dúchate y vístete mirándote al espejo, y trata de decirte a ti mismo que tu cuerpo es perfecto durante unos minutos al día. Agradece estar sano y, sobre todo, quiérete a ti mismo.

Desde un punto de vista técnico, la intervención de la psicóloga no es del todo desacertada, si partimos de la premisa de que, con paciencia, si contrapongo un sentimiento a otro, lograré vencerlo. La consecuencia lógica de eso es que, si me autoimpongo pensar bonito, eso disolverá mi malestar. Recuerda que la idea naif que hay debajo de la propuesta de la psicóloga es que puedes obligarte a ti mismo a sentir algo que no sientes o neutralizar pensamientos de temor/negativos con otros aparentemente más positivos.

El joven estaba abatido y me contó, desanimado, los resultados de estas intervenciones. Como has empezado a suponer, esas propuestas no solo no funcionaron, sino que empeoraron claramente el problema:

- No logró pensar que podía resultar atractivo para nadie, por más que se esforzaba. Eso le hizo sentir muy desgraciado.

- No pudo arreglarse porque no tenía otra ropa, y además no se atrevía a ir a comprarla. Pensó que no poder hacer esa petición en apariencia tan sencilla significaba que realmente estaba muy deprimido.

- Al tratar de sonreír en la calle, se sentía avergonzado porque notaba que su labio temblaba, y no pudo mantener esa petición. La consecuencia de ese fracaso fue que se vio a sí mismo como un ser indigno.

- No se atrevió a pedir esa nota a sus amigos, en parte porque no sentía confianza para expresar su problema y en parte porque pensaba que sus amigos no le

dirían la verdad y tratarían de endulzarla con mentiras piadosas.

- Cuando se obligó a recitar su mantra de perfección
y agradecimiento a su cuerpo, sollozaba y se sentía
desgraciado por estar tan en desacuerdo con esas
afirmaciones. Al recitar todo eso, simplemente no lo
creía y se sintió ridículo.

Seguramente te has dado cuenta de que las intervenciones de la psicóloga eran bienintencionadas y, de acuerdo con
las teorías imperantes entre los psicólogos, eran orientacio-
nes atinadas, pero le causaron daño al chaval. El chico dejó
de asistir a la terapia al pensar que, o bien estaba muy enfermo, o bien nadie le entendía ni podía ayudarlo. En este caso
el pensamiento naif estaba causando más problemas de los
que estaba resolviendo. No me extraña que el chaval des-
confiara de cualquier idea propuesta por un psicoterapeuta.

Decirle a alguien que expresa que es feo, o lo que sea,
que es otra cosa, o que intente tener otro punto de vista,
puede parecer una idea racional, pero si la examinamos
detenidamente, caemos en la cuenta de su inutilidad.

Si te detienes a pensar un momento:

- ¿Cuántas veces has intentado eso con personas cercanas?

- ¿Cuántas veces le has pedido a alguien que deje de
pensar en tal o cual cosa y que, en lugar de eso, pien-
se otras cosas?

- ¿En cuántas ocasiones eso resultó útil?

Es sencillo. Para meter la pata, lo único que tienes que hacer es usar el pensamiento naif de manera indiscriminada. Si actúas así, no te quepa duda de que puedes destrozar a las personas:

- «¿Te sientes mal? No hay motivo, siéntete mejor».
- «¿Tienes miedo? Tranquilízate, nada malo va a pasarte».
- «¿Temes algo que ocurrió en el pasado? Eso es pasado, tal vez ahora no te ocurra».

Esa es la maldición del pensamiento naif.

Be smart, be punk

- Detecta todo el pensamiento naif que puedas a tu alrededor. Evalúa qué parte de eso te resulta útil y qué parte te está afectando. No es fácil darse cuenta de que ese tipo de pensamiento ingenuo imperante te está dañando. Es algo sutil, que vas tragando como un bebé que engulle un biberón cuando está cansado y casi dormido.
- Sé consciente de cómo intentar imponer una emoción por encima de otra produce más problemas que simplemente reconocer lo que sientes. Si tienes miedo, probablemente sufres más por esforzarte en ser valiente sin éxito que por el hecho de sentir temor. Decía Tolstoi que «El coraje es la capacidad

de hacer algo aun sintiendo y reconociendo cierto miedo».

- ¿Qué beneficio obtiene alguien cuando te alienta a pensar bonito? Posiblemente, pretende liberarse de tu malestar, de tu queja. Te carga con la responsabilidad de tu estado, eso seguro. Es muy probable que algunas de las cosas que te pasan en la vida tengan que ver con decisiones tuyas, pero no hay que olvidar los contextos a los que pertenecemos. No toma las mismas decisiones frente a una situación dada una persona con muchos recursos económicos que una que no los tenga. Por ejemplo, si tienes un conflicto en el trabajo, puede ocurrir que no dispongas de muchas alternativas profesionales y que dependas de esos ingresos para vivir. Si tu amigo millonario te dice que él mandaría a la mierda el trabajo, no podrás hacerle caso. «¡Reinvéntate!» es el consejo de un pijo.

- Tienes derecho a la queja, igual que los demás tienen derecho a no hacerte demasiado caso. Cuando estás mal, puedes atender a eso y expresar tu malestar, por descontado. Pero siempre has de pensar que los demás no tienen por qué hacer nada en esa situación.

2

EL PROBLEMA DIABÓLICO
Y LA MADRE QUE LO PARIÓ

> Un gintonic es digestivo, siete no.
>
> SALVADOR AMAT

Si no existieran los malditos problemas diabólicos, vivir sería sencillo. No tienes que reflexionar demasiado para darte cuenta de que en muchas ocasiones repetimos patrones que nos hacen vivir la misma película una y otra vez. Voy a explicarte cuanto puedes llegar a complicarte tu vida intentando arreglarla. Es algo parecido a cuando tu coche queda atrapado en un charco lleno de barro e intentas salir del fango acelerando. Si las ruedas consiguen salir, te sientes triunfante, pero si siguen rodando sin parar te van hundiendo cada vez más. Esa es la esencia del problema diabólico: cuanto más quieres salir de él, más te hundes.

La vida no siempre es tan maravillosa como uno desearía. Lo normal es que sucedan muchas cosas, unas buenas y otras menos buenas. Estos acontecimientos nos entrenan para salir adelante cuando las cosas se pongan feas. Imagino que no piensas que la existencia tiene que ser un camino de rosas, y por eso mismo deberías estar preparado para esquivar o encajar las hostias.

Creo que una buena vida es la que se lleva con cierta dignidad, no forzosamente la que resulta sencilla.

Si en tu camino has perdido a personas, amigos o familiares, puedes decir que la vida te ha puteado. Padecer estrecheces económicas o mal de amores tampoco hace que tu vida sea fácil. A mis años, he leído muchas teorías acerca de cómo ser feliz o mear colonia; sin embargo, sobre el arte de lidiar con los problemas diabólicos se ha escrito muy poco.

Quizá por eso estamos tan pringados en la vida. Pero ese rollo toca a su fin en este libro.

Dificultades

Cuando superas todo aquello que te sucede, bien con el tiempo o bien movilizando tus propias capacidades, has lidiado con lo que yo llamo una «dificultad». Las hay que son aparentemente pequeñas, como por ejemplo tener que superar un determinado examen, y otras son mucho más grandes, como podría ser recuperarte de una enfermedad, un divorcio o la pérdida de un ser cercano. Estos obstáculos vitales están siempre en tu camino, da igual lo graves que sean, y el hecho de manejarlos te va a proporcionar autoconfianza.

La confianza es ese estado psicológico en el que sientes que puedes manejar lo que te sucede con tus recursos personales y con las habilidades desarrolladas con tus propias experiencias previas. Todo ello es resultado de tu habilidad para integrar los aprendizajes extraídos en esas circunstancias adversas.

Para vivir, tampoco hace falta tener la certeza de poder resolver todos los asuntos; la autoconfianza es una especie de sensación en la que, de alguna forma, sabes que te vas a apañar.

Haber desarrollado desde la infancia la práctica de enfrentar y superar retos o situaciones más o menos complicadas te va a ayudar, pues el hecho de que te hayan sobreprotegido o facilitado demasiado las cosas puede derivar en que tengas poco entrenamiento para sortear las dificultades.

En ciertos momentos capear estos inconvenientes requiere del paso del tiempo. Hay situaciones en las que, probablemente, no hay más opción que ajustarse el cinturón de seguridad y dejar que caigan las hojas del calendario. La filosofía china del Tao lo llama *wu wei*. La traducción de ese concepto es «no actuar», pero en Oriente tienen claro que ese no actuar no es lo mismo que no hacer nada. Significa estar ahí, sosteniendo el mal rollo, hasta que las aguas se calmen.

En una ocasión, una médico vino a visitarme por un gran duelo que estaba viviendo. Su marido había muerto recientemente, mientras dormían. Al despertarse, ella descubrió que su pareja yacía sin vida junto a ella. ¿Puedes imaginar el shock? Andaba rabiosa y triste, lloraba sin remedio y se preguntaba qué podría haber hecho. Como médico, le costaba perdonarse el no haber detectado ningún signo en su pareja que hubiera podido prevenir ese desenlace. Se sentaba abatida frente a mí, en la consulta, y fuimos encarando su duelo. Tenía, además, hijos pequeños y se sentía muy impotente y culpable porque solo le apetecía estar en la cama y sollozar.

La verdad es que era una mujer muy inteligente y sensible, y poco a poco fue activando sus propios recursos, volvió al trabajo y pudo organizarse con el cuidado de sus hijos. Afortunadamente para ella, el tiempo y sus cualidades trabajaron a su favor; fue uno de esos casos en los que como psicólogo tengo poco que hacer salvo acompañar a la persona a movilizar sus propias capacidades. Tras unas cuantas sesiones, pude darle el alta. La vi tiempo después en un encuentro casual. Nos alegramos mucho de vernos y le pregunté qué tal andaba. Habían pasado cinco años desde nuestras sesiones de terapia y me contó que estaba bien. Seguía trabajando, había conocido a una persona y estaba recuperando una vida de pareja. Sus hijos también andaban razonablemente bien y estaban contentos.

Al despedirnos me quedé pensativo. A pesar de una pérdida tan grande y dolorosa, esa mujer había rehecho su vida.

He buscado un ejemplo, en este caso importante, de lo que sería un acontecimiento traumático que se supera. En ocasiones, el tiempo y tus recursos personales bastan para superar el mal trago.

Problemas diabólicos

¿Qué es un problema diabólico? En el problema diabólico, nuestro manejo del problema lo empeora. Es como cuando tratas de mantenerte a flote nadando y moviéndote. Hacer eso parece una manera con sentido de sobrevivir, pero si las aguas están bravas, te esfuerzas demasiado y no estás en forma, cuanto más te canses será peor. ¿No es así?

Una idea para tatuarte:

UN PROBLEMA DIABÓLICO ES UNA MOVIDA VITAL A LA QUE LE AÑADIMOS UNA SOLUCIÓN QUE NO FUNCIONA.

Así de sencillo.

Cuando te sucede algún contratiempo y tratas de resolver la cuestión pueden ocurrir dos cosas: la primera es que tu propuesta de solución funcione. Si sucede eso, ¡enhorabuena! Te lo has currado y has movilizado tus recursos exitosamente. En ese momento vuelves a la casilla anterior de la partida, lo que hemos llamado «dificultad». La segunda es que trates de resolver la cuestión de una manera que, por el motivo que sea, no funciona. Cuando eso sucede, el mal rollo se va perpetuando y entonces es cuando te encuentras frente a un problema diabólico. Esa maldita cosa que se mantiene empeora y se cronifica en base a tus intentos infructuosos de solución.

Debes leer esto con calma.

Si tratas de resolver algo con una solución que no funciona, la dificultad se va a mantener. Eso me lo compras, ¿no? Pues si la cosa se mantiene, te voy a decir lo que vas a hacer: tratarás de aplicar una variante de la misma solución. Normalmente tenemos la creatividad en el culo y solemos insistir una y otra vez en lo mismo, aunque nos damos cuenta de que los resultados que obtenemos no son los que buscamos.

Tu cerebro es perezoso, suele elegir caminos conocidos y, cuando tiene que resolver algo, lo natural es que trate de hacerlo como lo ha hecho siempre. Esa es la estructura del problema diabólico: se mantiene porque a tu cerebro le cuesta probar soluciones radicalmente diferentes.

Hugo y su miedo a cagar

Hace un tiempo atendí a una pareja que estaba preocupada porque su hijo Hugo, de tres años, tenía mucho miedo de ir al baño. Ellos estaban muy centrados en el niño y se daban cuenta de que el pequeño evitaba defecar. Cuando pasaban algunos días sin que Hugo fuera al baño, la mamá estaba pendiente de cuando mostraba indicadores de que la caca rondaba por allí. Lo tenía estudiado y reconocía cuando el crío se inquietaba porque sus tripas se movían. Hugo trataba de disimularlo, pasando días sin evacuar, y cuando al fin lo hacía, le dolía, se aterraba frente a eso y causaba muchos problemas a todos.

El miedo a que Hugo tuviera un problema los había llevado a consultar al pediatra, que no encontró nada raro y los derivó a un especialista, que tampoco halló ninguna patología. Ambos profesionales los trataron bien, aunque concluyeron que era saludable que Hugo cagara y les dieron un montón de recomendaciones. Esas sugerencias incluían propuestas como restringir ciertos alimentos que podían facilitar el estreñimiento, introducir otros ricos en fibra, ayudar al pequeño a evacuar con algún supositorio y, sobre todo, pautar las horas «naturales» de ir al servicio.

Ambos papás estaban motivados y empezaron a realizar todos esos cambios. Cuando yo los visité, llevaban semanas así. Tal y como suelo hacer, me interesé por el problema y por cómo se manejaban al llevar a Hugo al lavabo. Esta fue su descripción: «Como llevamos una pauta, le preguntamos a Hugo si tiene caca a las horas prefijadas en las recomendaciones de higiene digestiva». A la pregunta directa, el crío solía decir que no tenía ganas y entonces los papás llevaban a Hugo al baño, para insistirle en que debía hacer caca.

¿Qué hacía el pequeño cuando era llevado al lavabo? Lo has adivinado: resistirse. Si Hugo no quería hacerlo, sus papás lo obligaban a quedarse sentado en el wc hasta que la caca se presentara espontáneamente. El niño se enfadaba, había llegado a tener rabietas y, en su desesperación, los padres llegaban a gritarle o castigarlo. Así, el problema se había ido haciendo grande y en aquellos momentos se estaba convirtiendo en un verdadero calvario. Al escuchar el relato de estos padres no podía dejar de imaginarme la escena:

- El niño tiene miedo de cagar y lo evita.
- Los padres piensan «esto es un problema que hay que resolver».
- Visitan a profesionales y estos les dan indicaciones para que Hugo «vaya al baño».
- Los padres siguen las indicaciones durante semanas: dietas varias, supositorios y visitas obligadas y regulares al baño para «enseñar» a Hugo a evacuar regularmente. El niño se resiste, llora, se enrabieta y, lo que es peor, sigue con el problema.
- Las soluciones intentadas no han ido demasiado bien y, aunque parezca imposible, han generado un problema peor que el inicial, convirtiendo el asunto en una pesadilla para todos.

Analicemos el asunto desde la perspectiva de los padres: lo normal es hacer caca; si nuestro hijo no la hace, hemos de ayudarlo a que la haga. Si con nuestra ayuda no lo logra, ¿qué podemos hacer?

Seguiremos ayudándolo, aunque no funcione, porque esa es la manera lógica de resolver ese inconveniente.

A la mierda con la lógica

Como ya has visto, lo usual es que intentes resolver las preocupaciones aplicando la lógica. También es común que tu inteligencia atine, en general, a resolver las cosas que te pasan. Menudo lío tendrías si no fuera así. Lo que pretendo decir es que te vas viniendo arriba con esos aciertos y entonces tiendes a pensar que todas las cosas funcionan igual. Vas a pensar que siempre tienes razón y que sabes arreglarlo todo.

Imaginemos una familia en la que hay dos hijos. Los padres deciden que van a llevarlos a una escuela determinada y supón que el mayor de los niños funciona muy bien en la escuela elegida. Los papás andarán muy felices por ello. Cuando el hijo pequeño llegue a la edad de ir al cole, esos padres optarán con toda seguridad por repetir la propuesta llevando al chico a la misma escuela que su hermano. Si al pequeño la escuela le va mal, tiene una adaptación dificultosa o su estilo de aprendizaje es diferente que el del hermano, la familia tenderá a pensar que el chaval tiene un problema.

La lógica de los padres sería descrita así:

- Ambos hermanos han tenido las mismas oportunidades.
- Al mayor, que es responsable y organizado, le ha ido bien.
- Como al pequeño no le va bien, probablemente es irresponsable o desorganizado, luego tiene un problema o, lo que es peor, como la dificultad ha ido empeorando con el tiempo, habrá que etiquetar al muchacho como «problemático».

La forma de ver el mundo de esos padres, que tienen estas premisas a la hora de encarar el asunto, es la de que el chaval pequeño es comparativamente peor que el mayor. No se plantean la idea de que tal vez es la elección de la escuela la que ha sido perniciosa para él. Este es un ejemplo de lo que los psicólogos consideramos la «creación» de un caso. El benjamín podría ser tachado de problemático, inadaptado o mal estudiante como resultado de la aplicación de algo que resulta aparentemente lógico, pero que lo único que está haciendo es empeorar y cronificar la dificultad presentada convirtiéndola en un problema diabólico.

Ha llegado el momento de que te des cuenta de que si la lógica no está funcionando nos queda una posible solución.

Enviar a la mierda a la lógica.

Eres racionalmente irracional, pero a lo mejor tienes cura, ojo

No creas que estoy muy alegre por contarte estas cosas. El uso de la racionalidad está sobrevalorado y parte de la culpa la tienen esas películas en las que la policía, aplicando el pensamiento lógico, acaba deduciendo quién es el culpable del asesinato. Cuando hablamos de pensamiento humano, las cosas no están tan claras ni de coña. Eres una mezcla entre la razón y lo que sientes, y cuando te estás presionando te das cuenta de que lo razonable no acaba de funcionar.

Tenemos al insomne que trata voluntariamente de dormir, al miedoso que trata de dominar sus miedos, al que evita las situaciones y cuanto más se aleja de ellas, más las teme, etc.

La sabiduría es saber cuánta cantidad de razón lógica es la que necesitas para salir adelante.

El otro día, por ejemplo, una chica de aproximadamente un metro cincuenta y cinco centímetros de altura me comentó que su nutricionista le recomendaba hacerse visitar por un psicólogo. Al parecer, ese profesional consideraba que la muchacha estaba incurriendo en un problema llamado *emotional eating* (ingesta debida a la mala gestión de las emociones). Me chocó mucho esa argumentación porque pensé, como psicólogo punk que soy, que todo el *eating* es *emotional*. Siento mucho interés por lo que le pasa a la gente, de modo que le pregunté: «¿Cuánto pesas? ¿Noventa kilos?» (soy bueno calculando los pesos de las personas, creo que tiene que ver con mi pasado de boxeador profesional). Ella respondió: «Noventa y tres».

Mi siguiente pregunta fue: «¿Y qué has hecho para reducir peso y estar más saludable?». Ella respondió: «Hacer dietas, llevo veinte años a dieta, las he probado todas». Esa es una respuesta habitual en quien padece un problema diabólico, suele haber probado muchísimas cosas. Imagina, durante veinte años ha estado intentando hacer dietas y, como no le funcionaban, ¿qué hacía? ¡Probar más dietas!

Respiré unos instantes y le volví a preguntar: «¿Cuánto pesabas cuando empezaste a hacer dietas, hace veinte años?».

No tardó nada en responder, dijo: «Cincuenta y tres kilos».

Le repetí lo que me había dicho y le dije: «Creo haberte entendido, si no, te lo repito bien, corrígeme. A los quince años, con un peso de cincuenta y tres kilos, decidiste que tenías que hacer dieta para estar más saludable; te pusiste a ello con notable voluntad y, como no te funcionó del todo bien, probaste otra dieta, y luego otra, y así durante veinte años». La mujer asintió con una sonrisa medio triste. Proseguí: «Tras estos veinte años, después de tanto esfuerzo y sacrificio, pesas noventa y tres kilos, ¿es así?». Ella volvió a asentir. Entonces, de la manera más respetuosa y dulce posible, le dije: «En veinte años, esas dietas te han engordado cuarenta kilos, igual ha llegado el momento de probar otras cosas en lugar de las dietas y acabar de emocionarte con la comida».

Tips de supervivencia para salir del problema diabólico

Cuando empieces a sentir verdadero agobio por lo que está sucediendo, trata de apuntar en una libreta: «¿Qué es lo que estoy haciendo para resolver este mal rollo?».

- No respondas automáticamente, reflexiona sobre las cosas que intentas hacer y tómate tu tiempo para registrarlas.
- Registra las cosas que has intentado tú, y también lo

que hayan tratado de hacer otras personas implicadas en el asunto. Por ejemplo, si has tratado de calmar tu ansiedad intentando tranquilizarte, toma nota de ello, y luego piensa qué hacen tus amigos o personas queridas para que te tranquilices. Es posible que tú tengas la lógica de tranquilizarte y los demás también. ¡Y puede ser que esa lógica no esté funcionando!

- ¡Ojo! Lo normal es que cometas un error y des por buenos algunos de los intentos de solución que has aplicado hasta el momento. Déjame que te diga que, si el mal rollo se mantiene, da igual lo que estés haciendo. Si sigue tu malestar, o si a lo largo del tiempo estás peor que antes, puedes estar convencido de que te has metido en un problema diabólico.

- ¿Sabes cuál es la norma número uno cuando estás en un agujero y quieres salir? Dejar de cavar. No voy a hacerte un spoiler, pero el *tip* más importante que puedo darte en este capítulo es, ¡para inmediatamente de hacer lo que estás haciendo hasta ahora! ¡Es mejor no hacer nada!

- Si debes tener miedo a algo es a seguir haciendo más de lo mismo.

3

LOS MARCIANOS ESTÁN AQUÍ

5

LOS MARCIANOS ESTÁN AQUÍ

> Nosotros, los terrícolas, tenemos un talento
> especial para arruinar las cosas grandes y
> hermosas.
>
> RAY BRADBURY, *Crónicas marcianas*

Tal vez no lo creas, pero los marcianos están entre nosotros desde hace mucho tiempo. No soy un experto en cómo es la vida en otros planetas, pero como psicólogo, y señor mayor, he adquirido mucha experiencia en cómo vivimos en el nuestro.

Cuando acabes de leer este capítulo, no tendrás ninguna duda de que los marcianos existen y que están caminando a tu alrededor. Estoy convencido. Tampoco descarto que tú seas uno de ellos y te vayas dando cuenta a medida que te adentres en la lectura.

Cada día me siento enfrente de personas que se lamentan de lo que les pasa. En el fondo, mi trabajo es compartir el dolor para transformarlo en alguna otra cosa.

Algo muy común es que la gente, cuando me cuenta sus problemas, suele sentirse mal porque no es capaz de seguir las recomendaciones o consejos que les dan las personas de su entorno. Los que más les quieren. Porque, esto seguro que te resuena, cuando estás chungo, la gente que te rodea intenta buscar una solución para no andar cargando con tu malestar. ¿No es así?

Sin embargo, muchos de mis pacientes sienten que estos consejos no les sirven. Te voy a dar algunos ejemplos para que te pongas en su lugar, si es que aún has tenido la suerte de no estarlo: si estás nervioso por la situación geopolítica y lo expresas abiertamente en una reunión de colegas, el amigo de turno te dice que no estés nervioso, que no va a pasar nada. Si tienes miedo, por lo que sea, tu madre te dice que no temas, y con eso te quedas. Como si fuera tan fácil. Conozco a un montón de personas que, frente a su lamentación, reciben el mandato de: «¡Sé positivo! ¡No te preocupes!».

En una ocasión, una paciente deprimida me consultaba por una situación en la que claramente estaba siendo víctima de una relación abusiva en el trabajo. Su pareja le decía: «No esperes disfrutar en el trabajo, lo normal es aguantar cosas así. ¡No debería importarte, deja que te resbale!».

Y tú, como la paciente de mi ejemplo, eres buena gente, y tu tendencia natural frente a esas exhortaciones es pensar que eres una floja o un cagado. No se te ocurre enviarlos a la mierda. De hecho, en muchas ocasiones me dicen: «¡Debo de estar fatal si no puedo animarme o superar esta situación que a todo el mundo le parece tan sencilla!».

A día de hoy, el fundamentalismo naif nos obliga a sonreír en cualquier circunstancia de la vida. Deberías dominar todas las capacidades humanas bajo riesgo de ser un gilipollas si no eres capaz de sacar un aprendizaje positivo de cualquier crisis vital.

Esa es la norma frente a las adversidades:

APRENDE, Y ADEMÁS ¡HAZLO RÁPIDO!

Un caso real

Cuando empezaba como psicólogo, recibí una petición de consulta de parte de un antiguo compañero. Ya sabes que fui boxeador, y aunque es un deporte para mentes privilegiadas, mi amigo no era un sujeto demasiado evolucionado emocionalmente. Me contó que tenía problemas de pareja porque su chica se ponía muy tensa cuando iban a tener relaciones sexuales. La cosa había empezado mal e iba empeorando con el tiempo. Ellos se querían y la muchacha confesaba que estaba enamorada de él. ¿Qué estaba ocurriendo?

Le pregunté qué era lo que sucedía y cómo estaba encarando ese problema diabólico, y él me dijo que trataba de que su novia se relajara. «Muy bien —dije yo—, ¿y cómo lo haces?». Entonces él puso cara de cabreado y gritó: «Le digo, ¡¡RELAJA, JODER!!».

Ahí lo entendí todo.

Pensé en cómo debía de sentirse la chica, si además de tener tensión y miedo frente a la penetración, le exigían, con malas maneras, que se relajara. Obviamente era una petición imposible. Nadie puede tranquilizarse a gritos. ¿Lo harías tú?

Seres de otro mundo

Déjame que te revele algo: si te has dado cuenta de que tú tampoco puedes forzarte a sentir otra cosa que la que sientes, eres un marciano, colega.

Cuando expresas lo que te ocurre, la gente de tu alrededor se molesta a medida que tu incomodidad se hace más fuerte. Entonces es cuando recibes consejos y sermones por doquier por parte de los terrícolas. Y ya te he mostrado que, cuando eres alienígena, acabas colapsando por no poder funcionar como la gente «normal».

Y es que el terrícola cuando te aconseja, a pesar de su buena intención, en el fondo te está diciendo: «¡Me estás tocando los huevos con tanto lamentarte!», «¡Anímate tú, porque yo no lo voy a hacer!».

La soledad del marciano

Imagina lo siguiente: estás deprimida por haber perdido un trabajo, ya cuentas con cierta edad y tienes miedo de no encontrar un buen empleo. Quizá temes que, si lo encuentras, no esté tan bien pagado como el que has perdido. Te empiezas a frustrar, te cabreas porque no entiendes tu despido. Vas haciéndote mala sangre pensando en cómo no te diste cuenta de lo que pasaba o te maldices porque no agarraste las oportunidades que fueron apareciendo por el camino.

Estás jodida con ese tema, y sale en las conversaciones, por supuesto. Las personas de tu alrededor van a interesarse por ti, van a preguntarte por qué no estás trabajando y cómo te sientes. Como eres honesta, explicas tu malestar, con más o menos detalles dependiendo del grado de confianza que tienes con tu interlocutor. La cuestión es que la peña del planeta azul no puede estar callada y automáticamente van a empezar a actuar. Ponte el cinturón de seguridad porque van a empezar a lloverte frases de este estilo:

- Disfruta del paro, para eso has cotizado todo este tiempo.
- Aprovecha para reciclarte y hacer los proyectos que siempre has deseado.
- Siempre te quejabas de tu curro, deberías estar contenta.
- Detrás de una crisis se oculta una oportunidad.
- Cuando una puerta se cierra, se abre una ventana.
- Y lo que nunca falla: ejemplos de gente superrara que convirtió su despido en oro, se reinventó y acabó siendo como Steve Jobs (por cierto, nunca dicen que murió joven de un maldito cáncer).

Son ejemplos no exhaustivos de frasecillas de mierda orientadas a que no te quejes y a que, en vez de estar mal, estés como unas castañuelas.

¿Cómo se te queda el *body* si eres marciano?

Te quedas flipando. No entiendes nada, te sientes una *gilipollers* por no poder animarte ni verle la *fucking* gracia al hecho de estar en paro, en lugar de agradecer las frases de ánimo y mandar a tus colegas a hacer muñecos con sus heces.

Te cuestionas a ti misma. Consideras que eres una floja. Piensas que tienes pocos recursos y una autoestima de mierda.

Eres rarito

Podría ocurrir que seas de esa gente especial que, cuando está mal, no puede ponerse bien por arte de magia, con un simple chasquido de los dedos. ¡Chas!

Piensa en la locura de no poderte animar cuando estás triste. Supón, por un instante, ser uno de esos seres que no puede rezumar paz en medio de un ataque de pánico. ¿Cuánta gente conoces que cuando está cagada no puede ser valiente o que no se puede calmar cuando está enfadada?

En *El Mercader de Venecia*, la obra de teatro de William Shakespeare, hay un fragmento en el que uno de los personajes, el judío Shylock, es reprendido por los gentiles. En un momento determinado, él pronuncia un alegato que siempre me ha inspirado el deseo de proteger al marciano de turno:

> ¿Es que un judío no tiene ojos? ¿No tengo manos, órganos, proporciones, sentidos y afectos? ¿Es que no me alimento de la misma comida, no soy herido por las mismas armas, no estoy sujeto a las mismas enfermedades, curado por los mismos medios, calentado y enfriado por el mismo verano y por el mismo invierno que un cristiano? Si nos pincháis, ¿no sangramos? Si nos hacéis cosquillas, ¿no nos reímos? Si nos envenenáis, ¿no nos morimos? Y si nos ultrajáis, ¿no buscaremos venganza?...

Los marcianos están entre nosotros, comparten muchas cosas con la gente de la Tierra, pero no funcionan exactamente igual. Están ahí, estamos ahí. Ya es hora de ser reconocidos como ciudadanos del mundo de pleno derecho.

Stop a la discriminación.

Hace quinientos años los españoles expulsaron a los judíos del país; hoy en día no estaría bien hacerlo. Eso es racismo. Espero que, en un futuro próximo, tratar distinto a la gente de Marte se vea feo también.

En realidad, te están obligando a ver el mundo como una terrícola cuando no lo eres. No es que estés mal, es que eres de otro planeta y funcionas diferente. No eres verde, ni tienes escamas. Pero eres marciano y te han abandonado a tu suerte.

La buena noticia es que esto está plagado de marcianos. Yo mismo soy uno de ellos.

Cuanto antes lo sepas, antes podrás verlo como una bendición.

La liberación

Reconocerte como marciano es punk y liberador, va a permitirte darte cuenta de que si sigues intentando actuar como un terrícola, vas a seguir agotándote y dejándote la piel en el asfalto. Si sigues tratando de ser de la tierra, vas a empeorar. Párate tres minutos a pensar en las ocasiones de tu pasado en las que te has sentido mal y en las que has caído en el pozo al escuchar a los demás. Ojo, es de agradecer prestar atención a los que te quieren, pero ya eres mayor y es importante que aprendas a afrontar la vida de la manera más eficiente para ti.

¿Eres consciente de la trampa en la que has estado todo este tiempo?

No es culpa tuya. Has llevado tu ovni a reparar en el taller inadecuado. Esos mecánicos saben arreglar coches, pero tú llevas un puto condensador de fluzo marciano.

Has estado usando la lógica inadecuada y esto no puede seguir así.

Enemigo mío

Ya sabes que pertenezco a la generación X. En los ochenta me flipó una película llamada *Enemigo mío*, que iba de un piloto y un alienígena que quedan atrapados tras caer en un planeta durante una batalla espacial. Al principio, como es normal, se llevan a muerte. Tras muchas peripecias, se van descubriendo y reconociendo el uno al otro y al final no tienen más remedio que colaborar para sobrevivir. La voluntad de ambos para entenderse consigue que el asunto acabe fluyendo.

Para ti, querido marciano, la cosa ha ido al revés: has estado intentando ser amigo de tu enemigo, pero, y esto es tremendo, no lo conoces, ni él te conoce a ti. Primero hemos de pasar por la etapa de identificar al otro, odiarlo, para después tratar de comprenderlo y, por último, colaborar con él.

A un buen marciano le abruma el amigo motivado, aquel al que todo le va bien y que tiene la flor en el culo. Por ejemplo, ese que tiene unos padres guais y estudió en un colegio de pijos.

Otro enemigo es el *coach*, que en muchas ocasiones se parece mucho al de antes o es simplemente una evolución del anterior, a lo Anne Igartiburu. Si un marciano tiene una pareja que ha caído en las redes del *wonderfulismo*, terapias alternativas, psicologías transpersonales, ya sabes, de esas que se anuncian en las tiendas de comida bio, esta puede resultar letal. Ese tipo de ayudadores perversos te aconsejan y te ofrecen un abanico de posibilidades que acaban haciéndote sentir desventurado.

Con enemigos así, no vas a salir del barro.

A ese terrícola bienintencionado le voy a decir algo para que se lo grabe a fuego:

Guarda tu consejo para ti. Piensa que los consejos presuponen que el otro tiene los mismos recursos que tú, la misma historia que tú y el mismo modelo de mundo que tú. Date cuenta de que, si el otro tuviera todas esas cosas como tú, sería tú.

Nunca me voy a cansar de gritarlo al viento.

Lo voy a repetir de modo que puedas decirlo sin que las fuerzas terrestres se alteren, responde algo así: «Muchas gracias por tu consejo, me estimula saber que estás ahí y que me quieres, pero creo que haré otra cosa».

Sobrevivir en el planeta azul

Mi misión es la de poder ayudarte si estás tocada o tocado. Quiero orientarte, reconoce tu derecho al marcianismo si te ves reflejado en este capítulo. Lo ideal, a partir de este momento, es que puedas decir: «Sí, soy marciano, ¿y qué pasa?».

Tirar adelante en la vida con cierta dignidad requiere de reconocer la propia singularidad para poder aceptarte tal como eres. Solo sales de la mierda desde ahí.

No tires a la basura la posibilidad de que seas un tipo del planeta rojo viviendo en el planeta azul.

Acepta que la gravedad terrestre te está afectando. No pasa nada por ello, pero sé consciente de que el aire es raro para ti. A pesar de parecer terrícola, no lo eres. Sería algo muy positivo para ti que aprendieras a diferenciar a los marcianos de los que no lo son, pues te supondría una considerable ayuda para no perder energía con según qué gente. Ya te has dado cuenta de que uno de los grandes problemas es querer compartir tu malestar con el entorno, pero eso te está haciendo desgraciado. Recuerda que cuando les cuentas lo que sientes, lo que te dicen te empeora. Mi abuela te diría: «¡Deja de hacer eso, *jodío*!».

Si te sientes identificado con Marte, cuando estés mal, busca un servicio técnico específico para ti. Si cuando vas a un profesional te dice lo mismo que tus amigos de la tierra, pilla la puerta y sal corriendo.

He descubierto que a nosotros los marcianos nos va la paradoja, y eso quiere decir que la solución de muchos de nuestros problemas está en el lugar en el que nunca has buscado. Puede que tu miedo mejore si lo enfrentas intentando tener más miedo en lugar de pretender tranquilizarte. Esa gente que de pronto, frente a un ataque de miedo, dice: «¡Que me dé un parraque, a ver si me mata!» y empiezan a mejorar, podrían ser marcianos de pro. Los grandes marcianos de la historia son expertos en pensar en negativo, y eso les aleja de mucho malestar, e incluso se obligan a pensar lo peor para luego sentir que a lo mejor la realidad no es tan creativa como su imaginación. Cuando están muy preocupados, suelo recomendar a mis pacientes de Marte que escriban durante un tiempo prefijado las peores cosas que les pueden pasar, en veintitrés minutos, por ejemplo, y les ocurren cosas muy curiosas. Se aburren, relativizan sus temores o se les ocurren soluciones.

Así de contradictorios somos los del planeta rojo.

Algunos originarios de Marte temen a la gente o desconfían de ella. Si eres uno de ellos, pretender confiar en alguien te pone inmediatamente en alerta (lo explicaré más adelante, en otro capítulo). Es absurdo forzarse a creer que los otros son buenos si de verdad no lo crees. Lo mejor en esos casos es aprender a protegerse adecuadamente, trasmitiendo a los demás la sensación de que parece que confías. Un verdadero espía puede estar años en una célula latente y pasar desapercibido. Ese es el trabajo del marciano de la mente. Si eres uno de estos, tu obra magna es llegar a parecer un pendejo de la tierra más. Pero saber íntimamente que no lo eres. Como el personaje principal de la novela de Boris Vian *Escupiré sobre vuestra tumba*, un hombre mulato de ojos azules que consigue hacerse pasar por blanco en un país racista.

Tips de supervivencia en el planeta azul

- Hay que recordar que una cosa puede ir bien de una sola manera y puede ir mal de infinitas maneras.
- Existe el dolor crónico, pero no existe el placer crónico. Lo normal es saber estar medio chungo para poder disfrutar de vez en cuando.
- Nadie puede superponer una emoción de bienestar a una emoción negativa. Estás hecho para alejarte de morir para poder sobrevivir como especie.
- Nos la suda el buen rollo, lo básico es no morir devorado por una jauría de lobos hambrientos.
- Detecta a los terrícolas de tu alrededor, son entraña-

bles pero tóxicos. No les hagas caso cuando te animan, a ti no va a servirte.

- Debes aprender a animarte como lo hacemos los marcianos.
- Si tienes a un marciano cerca, deja de tratarlo como a un terrestre. El hecho de que te haya pasado algo parecido que al otro no te convierte en experto de la vida del vecino.
- Las personas son felices e infelices a su manera. No tienes ni idea de lo que pasa en la cabeza del otro; por tanto, acepta que entenderte con alguien es algo parecido a un milagro.
- No tienes la obligación de ver el lado positivo de nada hasta que le veas el lado positivo. Si algo no tiene nada bueno para ti, puedes quejarte y deberás llevarlo con arte.

4

¿ERES UN IPHONE?

> No me hables de mi mejor versión, no soy
> un sistema operativo.
>
> CARME FERRÉ

Hace un tiempo, vino a visitarme a la consulta un joven aspirante a ingeniero de unos veintipocos años. Era un buen estudiante, guapo y atlético. Me contó que vivía con su madre, que era maestra de escuela. A medida que avanzaba nuestra conversación se lamentaba de no planificar bien sus estudios. Me confesó que solía dejar sus trabajos para el último momento y que estudiaba sus exámenes el último día. Eso le provocaba mucha ansiedad. Su madre, como buena profe, le insistía en que se pusiera a estudiar con más antelación y que no dejara los exámenes y las entregas de sus trabajos hasta la noche anterior. Él se angustiaba pensando que su mamá tenía razón y se hacía propósitos de cambio. Planificaba sus estudios y diseñaba excels con la intención de cambiar y organizarse. Al ver que no cumplía con sus objetivos, se exigía cambiar sin descanso y había empezado a tener crisis de pánico. Para acabar de empeorar el asunto, estaba dejando de hacer deporte y de salir con sus amigos. Sus intentos de ser más organizado estaban fracasando ruidosamente y cada vez estaba más deprimido. Le pregunté qué tal le iba en los estudios a pesar de ser tan desastre. Me respondió que no le iba mal, que sacaba notables calificaciones y nunca había dejado de entregar ninguno de sus trabajos.

¿Conoces a alguien al que le pase algo así?

La enfermedad de querer ser otro

> La gente crea su cara a medida que va creciendo.
>
> ENID BLYTON

Me parece que los profesionales de la salud en general, y los psicos en particular, tenemos las consultas llenas de personas que padecen la enfermedad de nuestros tiempos. Es posible que detrás de todos esos deseos de enmienda, tras los procesos de mejora personal continua, puedas tener una patología más peligrosa que un infarto: el deseo de ser otro.

Es muy probable que la gente de tu alrededor, o peor aún, tú mismo, penséis que exprimirte con aquello de ser tu mejor versión es una buena idea. No lo es, y te voy a contar por qué.

Ya que hablamos de versiones, seguramente no sabes que hay dos tipos de personas: los iPhone y los android.

Me gusta esa analogía. Eso significa que cada uno de nosotros tiene un sistema operativo diferente. Lo importante es que tu sistema operativo funcione y puedas manejarte en el mundo razonablemente bien. La psicología computacional llama a eso «función operativa». Tu cerebro está diseñado para que te manejes con relativa fluidez con todo lo que te ocurra. No obstante, compruebo a diario que una de las cosas que más hace sufrir en la vida es ser, pongamos por caso, un iPhone y querer ser un android. O al revés. En realidad, se trata de la maldita enfermedad de querer ser otra persona. El viejo maestro y tarotista genial Alejandro Jodorowsky me dijo en una ocasión: «No digas "quiero ser", di "me odio"». La lucha contra ti mismo es un empate infinito en el que vas a dejarte la piel. Nunca puedes ganar esa batalla.

Deja de engañarte, tus miserias forman parte de ti y son tan fuertes como tú.

Así va pasando la vida, sufres cuando te comparas con tu vecina y piensas que estás loco o te angustias porque quieres ser delgado u organizado como si fueras una especie de suizo mediterráneo.

Pues va a ser que no.

Los psicólogos nos quedaríamos sin trabajo si pudieras aceptarte tal y como eres y te sacaras partido. Si puedes tragarte que nunca serás una californiana sin celulitis o una especie de ingeniero alemán con los ojos azules podría ser que acabes teniendo un buen pronóstico. Si, por el contrario, quieres contribuir a que tu psicóloga, o peor aún, el típico gurú de autoayuda, se haga una piscina en un barrio pijo, has de seguir queriendo cambiar de forma imposible. Has de seguir negándote a ser quien eres.

Puedes convertir tu vida en una maldición a condición de querer ser otro.

La pregunta que cabe hacerse, cuando te des cuenta de que estás en el lodo, es: ¿Para quién o para qué hay que ser otro u otra?

Alguien te hizo creer que no eras suficiente y que tenías que hacer las cosas muy bien para que contasen contigo. La mentira es pensar que, si eres más perfecta, serás más feliz o llenarás un vacío que te acompaña. Así es como la gente ha construido su propia perdición.

¿Todavía crees esa mierda de que, si quieres, puedes?

Decía el escritor Chuck Palahniuk, autor de la novela *El club de la lucha*, que cuando no sabes a quién odiar, lo mejor es odiarte a ti mismo.

Acéptalo, la vida nos juega partidas cabronas, solo falta que, además, estés luchando contra ti. Es la peor de las maneras de derrochar energía. Si me permites una comparación, es como si un entrenador, en lugar de aprovechar las habilidades de una jugadora, la quisiera hacer jugar en otra posición. Si juega de portera, no puede ser una extremo izquierda brillante. Probablemente, con ese tipo de cambios, en la mayoría de los casos el equipo se resentiría. Estamos gravemente enfermos de querer huir de nuestra propia identidad.

Si te reconoces en lo que digo en este capítulo, tienes un buen tema a resolver entre manos.

No es asunto fácil dejar de luchar para pasar la pantalla del juego y seguir avanzando. Imagina que debutas con una diabetes, por ejemplo. ¿Puede alguien ver la diabetes como una oportunidad? Lo más habitual es sentir que la vida te está haciendo una putada. «¿Por qué a mí?», te preguntas. Al principio vas a estar bien jodido. No sé cuánto tiempo puede durar eso, pero algunas semanas de shock no te las quita nadie. Después de ello, vas a tener el duelo de haber perdido una vida «normal», una existencia donde puedes comerte un donut o tomarte un refresco azucarado sin pensarlo demasiado. Tras el cabreo y la tristeza, podrás empezar a digerir que debes vigilar lo que te metes en el cuerpo. Solo hasta después de cierto tiempo podrás volver a disfrutar. Reconocer lo que te ha pasado, y darte cuenta de cómo funcionas, es el proceso de convertirte en alguien que vale la pena. Te lleva a aceptar tu propia identidad, a reconocer quién eres. Y si eres un iPhone, eres un iPhone.

La pelea de los filósofos

Cuando hablamos de cambio, puede que te hagas la pregunta que se han hecho los filósofos durante cinco mil años... ¿Podemos cambiar o somos siempre los mismos?

De manera sencilla, mi ejemplo sobre los sistemas operativos va a darte luz sobre el asunto. Tengo un teléfono Android. Lo compré hace unos años; al desembalarlo, venía en pelotas, con las aplicaciones de serie, esas tan aburridas que no usas nunca, con excepción de las aplicaciones de Google. Con el paso del tiempo, he ido descargando un montón de aplicaciones que hacen que mi teléfono cada vez haga más cosas que me interesan.

Ahora que hace tantas cosas diferentes, ¿sigue siendo el mismo teléfono que compré en su día?

Algunos filósofos dirán que sí, que es el mismo teléfono «en esencia», que no ha cambiado. Otras personas dirán que no, que el teléfono hace cosas diferentes, luego es otro aparato. Si de repente tu pareja se comporta de forma más romántica, ¿ha cambiado o es la misma?

Un buen psicólogo punk debería poder aclarar eso. Haré aquello que no hacen los psicólogos convencionales, voy a mojarme.

Si hace cosas diferentes, ha cambiado, pero sigue siendo el mismo teléfono.

No podrá hacer perritos calientes, ojo. Si le pido un perrito caliente a mi teléfono, no tiene aplicaciones para eso. Eso sería un cambio estructural y estaríamos hablando de otro electrodoméstico. Un *perriphone*, o algo así. Un teléfono puede hacer muchas cosas, pero algunas otras, no. Lo mismo pasa contigo.

¿Podría ser que te estés pidiendo hacer perritos calientes cada noche mientras abrazas la almohada? ¿Te estás pidiendo ser un *perriphone* en lugar de un iPhone?

La verdadera sabiduría la alcanzas cuando llegas a saber qué apps puedes llegar a tener y qué cosas de las que te gustaría ser suponen un cambio estructural.

Conocer esa demarcación es un cambio radical a la hora de vivir bien. ¿Te estoy diciendo con eso que no cambies, que no intentes mejorar? No. Estoy diciendo que trates de mejorar hasta que reconozcas qué cambios no vas a hacer porque no puedes hacerlos o no te sale del toto. Investigar sí, despellejarte, no.

Compararse para perder

El otro día una señora me decía que quería hacer ejercicio cuatro veces a la semana. Había consultado a un famoso gurú de la salud al que seguía por las redes sociales. El profesional la había atendido de manera muy cordial y minuciosa. Tras su consulta, el doctor le comentó que hacer ejercicio a diario era muy conveniente para resolver o mejorar lo que le ocurría. Se me ocurrió preguntarle si alguna vez había hecho ejercicio. «Lo odio», respondió. Había leído un libro de un *coach* que explicaba paso por paso los beneficios de hacer ejercicio, y todo eso le había sonado genial. El cachondo del *coach* daba un montón de directrices para empezar, de modo radical, a ponerse en forma. Tan solo había olvidado escribir el capítulo de qué hacer cuando odias hacer ejercicio. La mujer en cuestión me dijo que le horrorizaba el outfit deportivo, que su cuerpo la avergonzaba y que no soportaba, en general, el tipo de público que solía ir al gimnasio. Aborrecía pasear y correr; de hecho, no lo había hecho nunca en su vida.

¿De verdad no te parece que, para ella, hacer deporte cuatro veces a la semana no es pretender ser otra persona?

A esta mujer ni siquiera se le había pasado por la cabeza que llevaba años sufriendo por querer hacer algo que debería hacer y que ese deseo nunca la había ayudado realmente a cambiar.

Déjate de monsergas, tienes muchos claroscuros.

Sufres por no conocerte, ¿te das cuenta? La señora, si se atreviera a ser sincera consigo misma, sabría que no va a hacer ejercicio. Tal vez el hecho de aceptarlo la llevaría a encontrar otras maneras de cuidarse o, a lo mejor, dejar de querer ser Alexia Putellas derivaría en que hiciera taichi o chikung, que molan un rato.

Una de las claves para llevar una existencia amargada es compararte, pero solo para perder.

Hoy día es superfácil, solo tienes que mirar las redes sociales para ver a un montón de *gilipollers* regodeándose y mostrando una vida perfecta. La dietista que no tiene ni un gramo de grasa y muestra platos *healthy* al tiempo que sonríe como si tuviera un orgasmo cada vez que se mete un trozo de tofu en la boca. El chavalote que parece un atlas de fisiología mientras se fotografía haciendo peso muerto con ciento cuarenta kilos o el niñato que se pasea en un Porsche mientras te cuenta cómo hacerse millonario vendiendo servicios online.

Ahora viene cuando me dices que tú ya sabes que estos son fake, ¿verdad?

Sé que no vas a reconocerme que lloras cada noche cuando tus conocidas anuncian sus bodas o embarazos. Tampoco vas a confesar que te ahogas en bilis cuando tu colega hace una story tomándose ocho cervezas mientras te levantas a acunar a tu bebé con cólicos a las tres de la madrugada. Hacer eso, por otro lado, le da un respiro a tu pareja, que yace hecha mierda en la cama con las tetas encendidas de tanto dar pecho y dormir mal.

Las redes sociales no te ayudan en nada cuando padeces el trastorno comparativo de personalidad (me lo acabo de inventar, no lo busques en Google, que nos conocemos). ¿Sabes por qué no te ayudan? Porque tiendes a no ver las penas del otro. Para acabar de aderezarlo, la gente no ayudamos nada subiendo a las redes las cosas guais de nuestras vidas..., y, claro, no solemos poner nuestras mierdas. Al menos no lo hacemos hasta que se invente Mierdagram. Esa sería una solución para los que caen en la derrota comparativa, ¿no crees? Una red social donde mostráramos las cosas que nos salen mal o donde pudiéramos compartir fotos nuestras cagando.

Orgasmos al otro lado de la pared

Recuerdo cuando vino a mi consulta una atractiva mujer de unos cincuenta años. Me contó que llevaba veinte con su pareja y hasta el momento todo había ido bien. Me dijo que había disfrutado de sus relaciones íntimas durante todo ese tiempo, pero que desde hacía un año tenían unos nuevos vecinos. El dormitorio de los vecinos estaba separado del suyo solo por una pared. Mi paciente sufría porque escuchaba follar a los vecinos casi cada día. «Oigo a esa mujer gritar y me pregunto: ¿yo qué he tenido?», me dijo mientras lloraba amargamente.

Así funciona la desesperación: compararse para perder, amiga. Parece que la situación tenga lógica, ¿eh? Ella grita más, luego lo pasa mejor o siente más que yo.

Como en la escena de la película *When Harry met Sally*, en la que Sally finge un orgasmo en el restaurante y la mujer que está en la mesa de al lado cuando viene la camarera le dice: «Yo quiero lo que le habéis puesto a ella».

Frente a esa situación, no olvides que:

1. Sally está fingiendo y 2. La mujer no es Sally. Eso significa que no sabe lo que esta siente ni tiene la menor idea de lo que supone ser Sally.

En realidad, ¿qué puñeta sabes acerca de la vecina? Si tienes una pareja, por ejemplo, ¿puede saber alguien lo que sientes al estar con esa persona? Puedes tratar de describirlo con palabras, pero las palabras no dan la medida real. Son una aproximación miserable a la experiencia que sentimos cuando conectamos con alguien. Nunca debemos desdeñar la influencia de los contextos.

Como deportista profesional, descubrí que no podía ser otro y que tenía que potenciar mis habilidades. Aprendí muchísimo copiando a los mejores, haciendo algo que los psicólogos llamamos «aprendizaje vicario», o lo que es lo mismo, copiar como un ladrón. El objetivo de la copia es poder asimilar una habilidad, hasta cierto punto, y hacerla tuya. Pero hay cosas que sencillamente no vas a poder copiar. En el boxeo, por ejemplo, ser pegador es un don. Muchas veces no es cuestión de entrenamiento, pegas porque tienes unos huesos X o unas fibras musculares Y. Los astros no me habían dotado del beneficio de la pegada, así que desarrollé la habilidad de ser aún más escurridizo de lo que era de nacimiento (soy muy escurridizo, pregúntale a mi mujer). No malgasté mi tiempo en desarrollar una habilidad imposible para mí, pero obtuve muy buenos resultados haciendo bien lo mío. Sacarle jugo a mi sistema operativo.

Cuando hablamos de identidad, de sistema operativo, somos más lo que hacemos que lo que queremos hacer. La clave está en saber si tiras adelante o no.

¿Te ha ocurrido alguna vez?

¿Te has ido a dormir por la noche pensando que mañana harás cosas que no haces?

La psicología *wonderful* está basada en la idea de que hay alguien detrás de quien eres en realidad y que debes descubrir a ese alguien para ser feliz. Para nada. No hay un iPhone detrás de tu android, pero tu sistema operativo puede hacer cosas que flipas y se comunica de puta madre con los otros teléfonos. Enamórate de tu móvil, porque, como solía decir mi padre: «Cuando te paras en el semáforo, siempre hay un pendejo que tiene un coche nuevo».

Cambia tu vida en cuatro pasos

Siempre representa uno su propio papel, aunque pretenda representar el de otro.

MICHEL DE MONTAIGNE

- Reconoce que no tienes cura de la enfermedad de ser tú misma (-o). Date cuenta de cómo empeoras cuando te pides a lo tonto ser otra. ¿Cómo puedes llevar tu vida siendo tú y mejorando tus cualidades? ¿Se puede ser moderadamente guay llegando siempre tarde o siendo hiperactivo? ¿Puedes hacerte amigo del hecho de que lo dejas todo para el final hasta que te toque hacer otra cosa? ¿Qué pasa si eres de los que siempre se quejan, pero luego lo haces todo?

- Investiga tu zona de desarrollo proximal. Trata de mejorar algunos aspectos de tu vida, pero si ves que es un constante chocar contra la pared, igual el verdadero cambio es dejar de querer cambiar.

- Una vez que has reconocido cómo eres, date seis meses de duelo por todo aquello que sabes que no serás. Toma vacaciones de querer cambiar. ¿Cómo se hace? Muy fácil, prohíbete cambiar nada en el próximo semestre.

- Encara tu futuro sin mierdas ni autoengaños ¿Qué tiene de malo ser imperfecto (-a)?

5

EL MIEDO Y LA MIERDA
DE LA EVITACIÓN

> Desde muy temprana edad, quería tener
> miedo.
>
> STEPHEN KING

Cosas muy terribles

Seguro que sabes a lo que me refiero cuando digo que las consultas de los psicólogos están llenas de personas que se sienten amenazadas y desbordadas por el miedo. Y es que el miedo y las formas en las que intentas librarte de él pueden causarte buenos quebraderos de cabeza. Sí, ya sé que los estantes de las librerías de los aeropuertos están llenos de libros que te cuentan cómo manejar el temor y cómo vivir con él. Incluso hay algún pobre iluso que se lleva a casa libros que parecen de ficción que proponen vivir sin miedo o que nada es tan terrible. Pero a pesar de toda esa maravillosa bibliografía, las personas continuamos cagadas frente a las realidades que nos afectan.

No sé nada de tu vida, pero en la mía han sucedido cosas terribles. Muertes, accidentes, divorcios, ruinas, enfermedades. Me costó un huevo superarlas. No soy un superhéroe, y estoy seguro de que a ti también te han pasado cosas de este tipo.

Si hay algo bueno en la existencia humana es que es democrática en lo malo y todos las pasamos canutas en algún momento. De modo que lo peor que te puede ocurrir cuando encaras una de esas situaciones tan dolorosas y terribles es no darle la importancia que se merece.

Sé que ahora mismo has sufrido un cortocircuito porque lo que suele decirse siempre es que hay que quitarles importancia a las cosas, y yo te estoy diciendo lo contrario. No te adelantes, te contaré por qué.

Pedirte que obvies el miedo o que lo minusvalores es uno de los errores garrafales que los expertos suelen cometer. Déjame que te cuente un ejemplo de lo que quiero decir. Recuerdo una ocasión en la que fui a conocer a un tipo que se presentaba a sí mismo como *Life Changer*. El atrevimiento de ponerse tal nombre estimuló mi curiosidad para ver qué pretendía vender. En el folleto de publicidad decía cosas como «vence tu fobia en minutos», «libérate del miedo para siempre» y «reprograma tu mente para ser completamente feliz». Con esa presentación, perdona que te diga, no podía perdérmelo. Llegué a un espacio acogedor, en el casco antiguo de Barcelona, con una sala de parqué en la que habían colocado cojines por el suelo. Las paredes estaban decoradas con mandalas e imágenes de Buda. Empezábamos *japiflauermente* bien. Una dulce recepcionista nos hizo pasar a la sala y esperamos unos minutos a que el fulano empezara su charla. Miré a mi alrededor y conté seis personas. Todos estábamos algo inquietos y expectantes con lo que iba a ocurrir.

A los pocos minutos, entró el personaje. Se presentó y contó cómo las técnicas que iba a mostrar habían transformado su vida por completo. Se había liberado del miedo y ahora se sentía en plenitud. A mi modo de ver, ese fulano era una caricatura. Parecía estar viendo uno de esos vídeos de Pantomima Full. Desgranó un sinfín de frases de esas que adornan las tazas y contó experiencias de casos que parecían sacadas de un cuento de hadas. Durante una hora, que se me hizo eterna, vomitó sandeces, sonriendo con una mueca que me recordaba a Jack Nicholson, representando al Joker de mi juventud (búscalo en Google, anda). Cuando acabó su homilía, hizo una rueda preguntando si queríamos presentarnos y contar qué nos había llevado hasta allí. Cada uno de los asistentes contó una historia de dolor, de sufrimiento y de cómo aquello que habían leído en los papeles de promoción de su conferencia les había esperanzado. Uno de ellos, acompañado de su esposa, contó llorando cuán deprimido se encontraba porque padecía un trastorno de pánico que le impedía salir de su casa sin la compañía de su mujer. «Aun yendo acompañado por ella, sufro de tanta ansiedad que tengo que tomar medicamentos para afrontar ese reto», dijo, y añadió: «Me paso el día llorando y muy drogado con los psicofármacos».

El presentador de la velada, ya sabes, el señor *Life Changer*, lo escuchó, preguntándole algunas cosas y dando por hecho que había entendido el problema. Le dijo, con la mejor de las sonrisas, que lo que tenía que hacer era reírse del miedo. «Ríe», le ordenó, y se puso a reír atronadoramente: «Jajaja», gritó. «Ríe conmigo, ¡la risa destroza tu miedo! Nadie puede tener miedo mientras ríe».

Tenías que haber visto la cara del hombre. No podía reírse, al contrario, parecía muy agitado. La mujer del señor no daba crédito a lo que estaba ocurriendo. Al ver que el hombre era incapaz de hacerle caso, el tipo de la presentación le dijo: «No quieres reírte porque de alguna manera ya estás bien con lo que te pasa. Debes salir de tu zona de confort. Deja de lloriquear, la vida es para los que la enfrentan».

A mí todo aquello me resultó muy cruel. ¿Se puede ser más perverso? Hay que ser un auténtico tarado para hacer sentirse tan mal a una persona que sufre.

Ten cuidado, hay muchos vendehúmos.

Y estos vendedores de elixires de la eterna juventud venden muchos libros, claro que sí. Y también pueden hacer mucho daño si los lees sin una pizca de pensamiento crítico. Ese tipo de pensamiento que no puedes hacer crecer si no lees otra cosa más allá de estos cuentos de hadas psicológicos.

¿Comprarías un libro en el que te dicen que puedes volar? ¿No te gastarías veinte pavos en un producto que te diera el superpoder de no tener miedo a nada?

Pero tú no eres tan ingenuo. Sabes muy bien que, si realmente tienes miedo, si tu vida está comprometida por algo terrible, no hay lugar para las bromas, ni para elixires mágicos. Vivir con miedo es la peor de las prisiones. Ya somos mayorcitos para saber que la veracidad no se mide en la cantidad de libros vendidos, ni en el número de seguidores que uno tiene en las redes sociales. Las verdades que ayudan suelen tener algo de amargo que hace que sean difíciles de tragar.

El hecho de que algo se venda muy bien no presupone que sea bueno. Los refrescos azucarados se venden mucho y, en cambio, son poco recomendables. Ni siquiera te quitan la sed, al contrario: te dan más sed. Si quieres apagar tu sed, el agua es mucho mejor.

Te tragas cualquier mierda solo porque tiene un color bonito, un sabor agradable y una etiqueta muy *fashion*.

El pinche miedo

A pesar de todo lo que estoy contando, debes saber que no puede existir una vida sin miedo. El miedo es una emoción funcional. Tiene una tarea que hacer: mantenerte a salvo. De no ser por el miedo, la humanidad no habría progresado demasiado y las fieras nos habrían comido, sin ninguna duda. La supervivencia humana es resultado de sentir miedo y tratar de resolverlo. Si los antiguos homínidos no hubieran sentido terror al ver a un oso, por ejemplo, se habrían acercado a él con buena fe y curiosidad. Y el oso los habría devorado de inmediato al sentirse amenazado o haber tenido hambre.

Tu cerebro está aquí para salvarte el culo. Aprende de los fallos y trata de mejorar para mantener tu trasero a salvo. Si te quemas con fuego, por ejemplo, el cerebro hace un aprendizaje inmediato y duradero. La amígdala se encarga de recordártelo. Es una parte de tu cerebro que se ocupa de tu supervivencia. Se llama así porque tiene la forma de una almendra y los expertos en fisiología, a los que siempre les ha puesto cachondos poner nombres griegos a las cosas, la llamaron así. La amígdala es una estructura central en tu cerebro que va a ocuparse de que nada malo te suceda. Si estas estructuras se activan, se desencadenan respuestas de protección y afrontamiento y tu mente racional no tiene que ocuparse de nada.

Ya hemos hablado de aquello que los expertos llaman *Fight or flight*: las respuestas que tu organismo activa cuando tienes que enfrentarte a una situación que temes. Cuando sientes pánico, tu cerebro activa el modo supervivencia y pone en marcha la respuesta a ese escenario: o peleas, o huyes.

Cuando aparece el terror, no existe término medio; no vas a sentarte con el oso a evaluar la situación o a proponer negociaciones. Ahora ya sabes que la amígdala es poco dada a los discursitos. Cuando tus circuitos cerebrales de supervivencia toman el mando, peleas o huyes. Por eso nos cagamos o vomitamos de miedo, porque no podemos huir o luchar con la barriga llena.

Lo que te debe quedar claro es que es imposible vivir sin miedo, y dales gracias a los astros, pues no tenerlo podría traerte la desagradable consecuencia de que las alimañas quisieran darse un festín a tu costa.

Cuando tratamos este tema hay algunas cuestiones importantes.

La primera es que el jaleo aparece cuando tu cerebro no distingue el fuego real del fuego imaginado. Y tienes que saber que eso ocurre muy a menudo. Y la segunda es que debes aprender cuánta cantidad de miedo es necesaria según la situación que has de enfrentar. Lo que nos interesa saber es cómo lidiar con él de una manera eficiente en lugar de continuar metiendo la pata a la hora de manejarte con lo que te acojona.

Y en estas más de dos décadas que llevo ayudando a personas con miedo he descubierto cuatro maravillosas maneras de enfrentarse mal a este problema: la evitación, la procrastinación, la distracción y la ayuda perversa.

La evitación

Imagina que te dicen que hay una calle en la ciudad donde resides en que la probabilidad de que te asalten y te hagan daño es muy alta. Has leído en el periódico que ha habido peleas e incluso algún tiroteo. ¿Cuál sería tu respuesta lógica frente a esa situación?

No hace falta tener una carrera en física cuántica, ¿verdad?

Evitarías pasar por esa calle.

Evitar tiene toda la lógica del mundo. Es una movida instintiva. ¿Para qué enfrentar una cosa que te aterra si puedes eludirla? Obviamente es una respuesta adecuada en un montón de situaciones, por supuesto. Todos evitaríamos comer algo que sabemos que nos sentaría mal, a un animal peligroso porque puede matarnos. Contagiarnos de una enfermedad podría llevarnos a la UCI. Por tanto, eludir cosas así parece natural. La evitación es una solución bastante eficaz, *a priori*. Pero como todo en la vida, el veneno está en la dosis. Y la verdadera sabiduría está en encontrar tu dosis adecuada de evitación. Por ejemplo, si una persona de otro país te hubiera robado, ¿sería normal evitar a todas las personas de ese país? Si hubieras sufrido un accidente de bicicleta en la calle mayor de tu ciudad, ¿deberías evitar volver a pasar por allí? Si tuviste una mala experiencia en el dentista, ¿es buena idea evitarlo de por vida?

A veces sucede eso: cuanto más temes una cosa, más la evitas. Y cuanto más la evitas, peor. Evitar el miedo siempre hace que acabe creciendo, haciéndose bola, convirtiéndose en un bucle infernal. Conozco muchos casos de personas que empezaron evitando pequeñas cosas y su temor fue creciendo hasta que se sintieron atrapadas por su evitación.

Date unos minutos para reflexionar sobre todo aquello que evitas por miedo. Hay quien evita el metro, o pasar por túneles, gente que trata de eludir tocar según qué objetos o entrar en bares repletos, por ejemplo; incluso conozco a algunos tipos que evitan mencionar determinadas enfermedades.

Y es que, hasta hoy, no conocemos a nadie que haya resuelto una situación temida aplazándola. No hay tu tía:

llegado el momento, si no encaras un tema, no lo superas. Ya puedes esperar sentado.

Tan malo es evitar a lo bruto como pretender encarar a lo bestia aquello que se teme. He tenido en mi consulta a muchas personas que lo hacen, y eso provoca que aumenten sus niveles de terror y de ansiedad hasta el infinito y más allá. Afrontar algo por obligación, o porque has leído en algún lugar que el miedo es imaginado y no puede matarte, podría estar empeorando el problema y convirtiéndolo en una verdadera calamidad.

Hay todo un universo de temores evitables. Algunos son poco importantes, pero hay cosas muy cotidianas que, si las evitas a saco, convierten tu vida en un continuo revolcón sobre un prado de ortigas.

La muerte en vida

Cuando el nivel de evitación te lleva a una limitación vital importante es cuando debes preocuparte. Si, por ejemplo, conduces un camión y tienes pánico a tener un accidente, el hecho de evitar podría llegar a afectarte por completo.

Tuve un paciente al que le había sucedido. Era un chófer de transporte internacional que empezó a sufrir ansiedad en la carretera. A medida que dejaba de hacer cosas, como atravesar viaductos o entrar en túneles, su vida profesional se resentía. Cuando vino a mi consulta estaba de baja, y como autónomo no podía permitirse estar sin trabajar.

Darse cuenta de que no podía hacer aquello para lo que había estado tan capacitado lo hacía sentirse muy inútil y desdichado.

En otra ocasión, atendí a una enfermera que temía poner inyectables. Sentía pánico frente a la posibilidad de que la persona que recibía la inyección pudiera caer desplomada o sufrir un *shock*. Como resultado de ese miedo, había empezado a evitar poner inyecciones a los pacientes. Durante unos meses tuvo la suerte de tener una compañera de prácticas que la ayudaba con eso sin saberlo. A mi paciente le avergonzaba reconocer este miedo, y fingía que le daba la oportunidad de practicar a la joven estudiante.

Me contaba todo esto con gran sufrimiento y culpabilidad, pero estaba aterrorizada frente a la expectativa de tener que volver a poner agujas en un futuro próximo. Toda esta situación desembocó en una enorme ansiedad, en insomnio y en estados depresivos. La sensación de estar engañando a todo el mundo la mataba de culpa.

La evitación, pues, abraza al miedoso como te abrazaría alguien que se está ahogando. Piensa en esa escena, es muy probable que ambos acaben en el fondo del mar. Por eso, tras todos estos años de práctica clínica, he podido darme cuenta de que la evitación incrementa el miedo y cuanto más miedo tienes, más evitas. La evitación se convierte en una prisión, es la muerte en vida.

La procrastinación

La palabra de moda. No puedes pasar más de tres minutos en LinkedIn sin que te salga algún post contándote cómo superarla. Y quien dice LinkedIn, dice Instagram o cualquier otra red social, ya tú sabes, mi *amol*.

Procrastinar no es ni más ni menos que ir posponiendo algún asunto porque te da pereza, no te sale muy bien o no te apetece. A mí me ocurre con el bricolaje, por ejemplo. Cuando tengo que poner un taco para colgar un cuadro, puedo posponerlo durante meses. Temo hacerlo mal, creo que haré un agujero brutal, que el cuadro se caerá. De hecho, una vez que quería poner una estantería, perforé un tubo de agua y estuve horas tapándolo con un dedo hasta que vino a rescatarme un técnico de la compañía de seguros. Frente a ese temor y mal rollo probable, me escaqueo a la hora de ponerme manos a la obra con el asunto, con lo que el bricolaje me espera y va sumando presión. Cada vez tengo más cuadros y más reparaciones que hacer. La procrastinación es una evitación de algo que me resulta incómodo, pero no es vital. Es un canguelo de menor calado.

Pospones un trabajo, un informe, un conflicto. «Ya lo haré luego», sueles decirte. Y en tu cabeza suenas sincero, aunque en los peores casos es como ese «ahora lo hago» de un adolescente. No llega nunca.

Posponer el malestar poniéndote las gafas de la felicidad está bien si tienes previsto morir mañana. Todo lo demás es tratar de dominar las cosas evitándolas. Y ya eres suficientemente mayor para saber que las cosas no se hacen solas.

No te dejes llevar por la distracción

Sentir el miedo es tan desagradable que otra de las estrategias más usuales en intentar distraer esa sensación. Detrás del consumo abusivo de sustancias bien puede encontrarse una estrategia de evitación, en este caso, de la sensación de temor.

El miedo es uno de los causantes de la verdadera pandemia a la que nos enfrentamos. El consumo de psicofármacos, por ejemplo, está disparado en nuestro país, y jamás en la vida había habido tantos problemas relacionados con la ansiedad y la depresión. Ambos trastornos están muy relacionados con el miedo y la incertidumbre. Tomar tratamientos psicofarmacológicos puede estar bien si se usan durante momentos de crisis y bajo un estricto control médico. Fuera de esos encuadres, la medicación no es más que un intento banal de esconder el malestar. También el uso del alcohol, y otras drogas recreativas como la marihuana, son maneras de tratar de maquillar el sufrimiento. Otras formas de intentar despistar nuestro malestar se camuflan en la necesidad de llevar a cabo comportamientos extremos, como deportes de alto riesgo o actividades sexuales fuera de control. Cualquier necesidad de darte un subidón podría ocultar el deseo de evitar un mal momento, un duelo o una crisis vital aguda.

Recientemente visité a un joven de unos treinta y cinco años que estaba muy triste porque su pareja lo había abandonado. Tenía un buen trabajo y un nutrido grupo de amistades que lo apreciaban. Aun así, se había refugiado en el alcohol y en las series de televisión. No salía apenas de casa y no tenía ganas de ver a nadie. Tener que hablar de lo que le había ocurrido le suponía un gran padecimiento y evitaba ver a sus amigos de siempre. ¿Piensas que beber y estar todo el día y parte de la noche visualizando películas y series de una conocida plataforma suponía una buena manera de superar su duelo?

La mierda de pedir ayuda

La última trampa basada en la evitación que voy a destacar aquí es la que yo llamo «petición de ayuda». Seguramente te han dicho hasta la saciedad que, si estás mal, pidas ayuda. Y tienen razón, desde luego. No obstante, hay algún tipo de petición de ayuda que podría resultar negativo, debes tener cuidado con esto. No todas las personas están capacitadas para ayudar, para escuchar eficientemente. Igual que no vas al carnicero a que te quite una muela, acudir al vecino o al compañero de trabajo cuando te duele el alma o estás hecho polvo de miedo no es la mejor opción.

Por ejemplo, una señora que había sufrido ataques de pánico solo salía a la calle acompañada por su marido. Le comenté que eso era una evitación y ella me dijo: «No, señor, yo hago las cosas. Las hago acompañada, pero las hago». Asentí, desde luego, pero le pregunté: «Y cuando haces todo acompañada de tu esposo, ¿dirías que tienes más miedo de hacerlo sola o menos?». La mujer llevaba bastante tiempo haciéndose acompañar, pero eso no le había ayudado a realizar sus quehaceres sola. Al contrario, su pareja le mandaba un mensaje indirecto cada vez que la acompañaba: «Te acompaño porque te amo, pero también porque sola no puedes».

Tratar de contar a los de tu alrededor lo que te sucede, esperando algún tipo de apoyo, es otra forma de caer en la trampa. Cuando estás mal, la gente de tu alrededor te pregunta y tú, deseoso de compartir tu malestar, les cuentas. Obviamente, hablar de algo que te molesta o que te preocupa es muy saludable, pero cuando explotas demasiado ese recurso lo que estás haciendo en realidad es pedir ayuda a los demás. Lo que ocurre en esas ocasiones es que la gente suele reaccionar de una manera que no siempre te resulta de ayuda. Te dan consejos y opiniones que no siempre puedes seguir, podría ser que sus soluciones no encajen en tu modo de percibir el problema, y cuando eso sucede, te sientes fatal.

Seguimos caminando

Vino a verme una muchacha de veintitantos años. La acompañaba su madre, que se quedó en la sala de espera mientras la chica estaba conmigo.

Muy incómoda al principio, me contó que llevaba varios meses encerrada en la casa de su madre. Me dijo que vivía con su pareja, y que este, en una discusión, la había amenazado con un cuchillo de caza. Completamente aterrorizada por la violencia de su novio, había salido por una ventana y había huido con lo puesto por la azotea. Se había refugiado en casa de la madre y no salía, presa del pánico. Por mediación de unos amigos, había sabido que el hombre se había marchado a vivir a otra ciudad. El piso donde ambos vivían era de ella, pero no se atrevía a volver a la escena del crimen.

Se sentía vulnerable, perdida. Y todos los intentos de su entorno por tranquilizarla estaban fracasando. La chica pensaba que debería poder regresar a su casa, pero el temor al recuerdo y a las escenas que volvían a su cabeza una y otra vez la apartaban de la posibilidad de hacerlo y de retomar su vida. Se había pedido una baja en el trabajo y algunas de sus amigas la visitaban a diario en casa de su madre para animarla. La cuestión es que, en un primer momento, estando en casa de su madre, aún salía. Iba a comprar y hacía pequeños recados. Durante un par de semanas también había ido a trabajar, intentando vivir con normalidad. Le contaba a todo aquel que quisiera escuchar lo que le había pasado, y todo el mundo trataba de tranquilizarla e invitarla a vivir con normalidad. A medida que iba contando el suceso, sentía que su temor se acrecentaba. No podía dejar el episodio atrás, no podía dejar de ver aquellas imágenes que la asustaban y estaba empezando a dudar de su propia estabilidad mental. Poco a poco, al sentir crecer su desasosiego, se fue limitando. Empezó a temer que su ex fuera a buscarla al trabajo o encontrárselo por la calle. «Solo puedo ver su rostro desencajado con el cuchillo en la mano», me decía.

Le pregunté si estar refugiada, encerrada, y el hecho de hablar todo el rato del problema la estaba ayudando ahora. Me dijo que al principio lo había necesitado. Pero ahora estaba empezando a dudar de si su enfoque estaba siendo el más adecuado.

Con el paso de las semanas, cada vez se sentía más insegura. Se daba cuenta de que evitar reemprender su vida y hablar todo el rato del asunto formaba más parte del problema que de la solución. Le pregunté si deseaba volver a su piso. Ella dijo rotundamente que sí. Deseaba volver a su vida y, aunque no se llevaba mal con su madre, empezaba a estar hasta el gorro de convivir con ella.

Hicimos algunas sesiones que le ayudaron a superar el estrés postraumático y empezó a salir de su círculo de evitación. No pienses que el miedo desapareció de golpe. De hecho, ella ahora es muy prudente al elegir nuevas parejas. Al principio, tuvo que enfrentarse a algunas cosas con mucho temor. Sentía falta de confianza, pero al cabo de unas pocas semanas, a través de la terapia, volvió a su piso y fue recuperando su libertad.

Incluso a mi edad, la vida me pone en situaciones que me dan pavor. Ni psicólogo punk ni hostias. Siempre pienso que con los años estaré más tranquilo, pero la tranquilidad nunca llega. Siempre acabo temiendo algo. ¿Te pasa a ti también? Sobrellevar la existencia con arte es caminar a pesar de los propios temores. Realizar las cosas, tanto las que te molan como las que no, te va construyendo como persona.

Siempre cagado, haciendo frente al oleaje, a veces disfruto del agua fría y otras acabo tragando sal y tosiendo como un loco.

Como decía Bruce Lee, «Seguimos caminando», cagados, con rabietas, como un bebé con el pañal muy apretado. La vida también va de eso. Saber andar con el culo cagado.

Ya sabes que no voy a dorarte la píldora, he venido a contarte lo que hay. Lo que necesitas es saber que algunas cosas sí son terribles para ti, pero puedes aprender a batallar con ellas. Debes reconocer que te las has apañado en el pasado y que volverás a hacerlo, si es que toca.

Tips de supervivencia frente al miedo

- Si bien hay mucha gente que le saca provecho a procrastinar, ya sabes, esos que disfrutan de estar al filo y lo dejan todo hasta el último momento, no te recomiendo que lo dejes todo para el final.

- Si al final te pilla el toro, y acabas haciéndolo, lo habrás pasado mal, pero, tranquilo, hay solución. La presión de la vida, en muchas ocasiones, acaba por ayudarte. Aprende a reconocer que te va la marcha. Si eres de los que se pone cachondo en el filo del pitido final, adelante, pero si no, más vale que aprendas a hacer algo que tal vez sea más aburrido para ti, como empezar un poco antes.

- Hazlo mal, pero hazlo. En lugar de evitar, trata de realizar las cosas que temes, hazlo con miedo. ¿Cuántas veces tendrás que hablar en público nerviosa antes de poder hacerlo tranquila? ¿Cuántas veces tendrás que conducir alterado antes de hacerlo sin miedo? Lo normal es que hagas las cosas que te dan miedo con cierto cague. No esperes hacerlo bien a la primera.

- Cuando has contado tu problema, ya no hace falta que lo conviertas en un monotema. Mi experiencia clínica me ha demostrado que, cuanto menos hablas del tema, mejor. Al final casi nadie va a entenderte, de modo que es mejor escribir tus miedos y enfrentarlos poco a poco.

- Cuando caes en el abuso de lo que sea para distraer tu mal rollo, ya sabes que el asunto no puede acabar bien. Trata de no consumir sustancias y aprende a manejar tu dolor de otra forma: escribir, pintar, cantar. Son maneras más creativas de sostener los episodios jodidos de nuestra vida. Ver una serie está muy bien, pero debes saber preguntarte si esas horas frente al televisor esconden una evitación a algo.

- La vida no carece de malestar. Al contrario, lo normal es que nos sucedan cosas que nos lo hagan pasar mal. ¿Por qué habríamos de esperar que todo vaya bien? Cuando empezó la pandemia, todo el mundo dijo que de esta saldríamos mejores, que todo acabaría bien. Me apresuré a avisar, en televisión, por mis redes sociales y en alguno de mis artículos, de que eso no tenía por qué ser así y que lo más saludable era pensar que una crisis como esa iba a sacudirnos. Sé que doy mucha rabia, pero no me equivocaba.

- El miedo es una mierda, pero la sociedad ha avanzado intentando manejarse con él. No quieras una vida sin miedos, desea tener el coraje para apañarte con ellos.

6

MALDITOS MONGUERS

> Eres un hombre malo, Ming, debes abandonar el Planeta Mongo.
>
> FLASH GORDON

Hace unas semanas viajé en avión; me tocó sentarme al lado de dos mujeres de unos cuarenta años que viajaban juntas. Como buen curioso, siempre tengo puesto el oído en conversaciones ajenas... y la conversación resultaba de lo más interesante para un cotilla como yo.

Una de las mujeres se quejaba con amargura de su pareja, que si esto, que si lo otro, que si lo de más allá. Nada fuera de lo normal hasta que, de pronto, la conversación dio un giro espectacular. Encendida por todo lo que iba diciendo y jaleada por los comentarios de su amiga —que le daba toda la razón— dijo: «A estas alturas, después de quince años juntos, él debería saber lo que quiero, no se entera».

Al escuchar esto pensé que tenía un nuevo capítulo para este libro. Déjame que te ayude a librarte de un sufrimiento inútil, no te pierdas ni una sola línea de lo que voy a contarte.

El enigma de los *monguers* emocionales

Ya he pasado dos confinamientos. Sí, has leído bien, dos. El último, como tú, por la maldita pandemia, pero estuve confinado en otra ocasión, hace más de cincuenta años, cuando una enfermedad me tuvo encerrado en casa durante unos meses. Mis padres trabajaban y no podían quedarse conmigo, de modo que pasé muchas horas solo en aquel tiempo.

Uno de mis vecinos, de la edad de mi padre, Pepe, se compadeció de mí al verme solo y encamado durante semanas y me prestó varias colecciones de historietas y cómics que me convirtieron en un lector voraz. Había cuentos de Mortadelo, del *The Phantom: El fantasma que camina*, *Las aventuras de Roberto Alcázar y Pedrín*, *El Jabato* y otros muchos. Una de las colecciones que me prestó era la de las aventuras de Flash Gordon. Eres tan joven que es muy probable que no conozcas a ninguno de los que he citado y no te suene de nada el personaje de Flash Gordon, pero a grandes rasgos te diré que era una especie de aventurero interestelar que dio a parar con sus huesos en el Planeta Mongo. Mongo era un planeta ficticio gobernado por el implacable Ming el Despiadado.

Desde entonces, siempre he llamado *monguer* a aquella persona que me molesta, me aflige o me da por el saco. Gente del Planeta Mongo.

Con el tiempo, he ido afinando el concepto porque me he dado cuenta de que andamos rodeados de *monguers*. Enseguida lo vas a ver, pero antes debes saber qué es ser *monguer*.

El *monguer* está ahí impasible, enfrente de ti, mientras tú, como la señora del avión con su marido, esperas que cambie. Te desgastas deseando que deponga su actitud, rogándole que modifique su conducta. Y se queda tan campante, se resiste a tus peticiones de cambio. No hace caso a tus maravillosas sugerencias para mejorar su vida, sus comportamientos. Parece que no quiere progresar, no atiende a tu influjo benefactor. No es consciente de que quieres lo mejor para él o ella. Es como si fuera un idiota.

Las personas que vienen a mi consulta, muchas veces me preguntan por qué una amiga o amigo les cuenta su malestar si, cuando le sugieren lo que deberían hacer, resulta que no hacen nada por cambiar o mejorar su situación. Y, la verdad, me encuentro con esas preguntas muchas veces.

¿Para qué me cuenta sus penas si luego no quiere hacer el mínimo esfuerzo para arreglar su vida?

Si tienes a alguien así cerca de ti, te desesperas, y si lo quieres, aún es peor. Ves que el otro va directo a estrellarse, te desvives por ayudarlo, pero al final la situación se desborda y acaba ahogándote a ti.

Ojo, no estoy hablando solamente de parejas. El *monguerismo* es transversal y puede darse en cualquier interacción humana. Padres/hijos, jefes/empleados, hermana/hermano, etc.

Ser *monguer* no tiene que ver con ser inteligente ni con el hecho de ser buena o mala persona. Va más allá de todo esto, no es tan simple. He visto *monguers* de todo tipo: médicos, ingenieras, enfermeros, albañiles, padres, esposas y filósofos. Es un tipo de trastorno universal, lo encuentras por todas partes, en cualquier esfera en la que te muevas, sea el trabajo o la universidad. A veces pienso que se trata de una verdadera pandemia, puesto que ahí donde deposito mi mirada, me encuentro con uno de estos personajes.

El *monguer* también es aquel humano que no sabe anticiparse a tus deseos. A pesar de conocerte, no hace aquello que quisieras que hiciese ni aun cayéndole un rayo en la cabeza. Es esa persona que, después de haberle dicho algo un millón de veces, continúa sin enterarse de la copla. Tómate un instante para pensarlo... ¿Existe alguno cerca de ti?

Puede ser ese hijo adolescente que no estudia, aunque sabe que es lo que tiene que hacer, ese marido descuidado que nunca anota en su mente, ni en sus notas del teléfono, que te gusta algo. Podría tratarse de esa novia que no te dice aquello que deseas escuchar o el niño que huye de lavarse los dientes a pesar de tus razonables sermones. Y es que el *monguer* se resiste a toda indicación que le das, a pesar de la lógica que te asiste. Ya puedes ser sutil, porque no reacciona a tu sutileza, y a veces, cuanto más le dices algo, menos lo hace. El *monguer* es muy inadecuado, y está aquí para convertir nuestra vida en un infierno. Observa con cuidado a tu alrededor, no me extrañaría que te topes con alguno.

¿Monguer a la vista?

La situación se va a poner fea si tienes a uno de estos cerca. Si vives una relación con alguien así, tu vida puede convertirse en un auténtico vía crucis. Vas a agotarte razonando con esa persona, te vas a extenuar, llegarás a la discusión y al desespero. Esas disputas son un efecto secundario del hecho de que tu *monguer* permanece en sus trece, impasible, hagas lo que hagas. Lo peor de todo es que eres consciente de lo bello que sería el mundo si esa persona pudiera aceptar tu punto de vista.

La vida de la persona que sufre al *monguer* se convierte en una autopista al infierno. En esos casos, el mejor de los sermones se pierde en el bulevar de los sueños rotos y te conduce directo a la amargura al ver que no sirve para nada.

Ahondar en esto me hará perder más de una amistad que puede que se sienta reflejada en estas líneas. Pero soy un divulgador, y mi misión es que mejores tu paso por esta vida dejando de hacer el primo.

Para dejar de ser una pringada o un pringado, presta atención a las categorías de gestión *monguer* que hay, por si acaso estás cayendo de cuatro patas en el fango de las relaciones: «Que se den cuenta», «Que salga de él» y «Deberías disfrutarlo».

Darse cuenta

Recuerdo que, en una ocasión, una mujer se lamentaba del sufrimiento que le causaba su hijo adolescente. Me contaba que el muchacho era un verdadero desastre. Tenía todas sus cosas desordenadas y ella se dejaba la piel discutiendo y gritando al chaval para que se ocupara de poner cierto orden. Se pasaba el día entero yendo detrás de él, le recriminaba por tenerlo todo de cualquier manera, por su falta de cuidado tanto personal como de su casa. Le pregunté qué era lo que deseaba; la mujer suspiró y dijo: «Solo quiero que se dé cuenta de lo que hace y que se ponga en mi lugar, trabajo todo el día y estoy agotada».

Escucharla decir eso me bastó para entender su sufrimiento. Ese «Solo quiero que se dé cuenta» lo dijo todo. ¡Va para largo, colega, normalmente se dan cuenta a los treinta y cinco! Y eso, con suerte.

Conversamos un poco y le dije: «¿No te das cuenta de que reñir y pelear no te está llevando a que él se dé cuenta de nada? Ya puedes insistir, que así no vas a lograr ningún cambio».

¿Recuerdas el capítulo de los iPhone y los android? Esto es lo mismo. Si tu hijo adolescente es un android, ya puedes empezar a sentarte y a tomar ansiolíticos porque nunca será un iPhone.

Debería salir de él

Otro de los grandes errores que puedes cometer cuando tienes a tu *monguer* es pretender que algo «salga de él (o ella)». Parece que el ser en cuestión tiene estreñimiento conductual y no le sale de manera natural hacer aquello que esperas que haga. Voy a contarte una historia que me ocurrió, te puede parecer inventada de tan loca que es. Hace unos días, atendí en mi consulta a una mujer que estaba enojada con su pareja. Al parecer, él era un hombre tranquilo de aficiones sencillas. Mientras ella organizaba vacaciones interesantes y actividades de fin de semana para la familia, él se dejaba llevar e incluso se quejaba de que la mujer era demasiado activa. «Trabajo mucho durante la semana —decía el marido— y luego no tengo la cabeza para nada». Ella se desesperaba frente a esta situación. ¿Puedes imaginar qué le pedía la esposa al marido en esas circunstancias? Me contó que estaba harta de decirle: «¡Deberías tener algo de iniciativa, estoy cansada de tirar del carro!».

Sé que esta historia puede parecerte de ciencia ficción. ¿Te lo imaginas? ¿Una persona pidiéndole a su pareja «más iniciativa»? Es de locos. Nunca se te ocurriría, ¿verdad? Sin embargo, la señora caía en esa trampa una y otra vez. Estaba tan enfadada que el divorcio planeaba sobre la pareja.

Hablé con la señora muy seriamente. La escuché y entendí el sentido de sus quejas. Resoné con ella, le di la razón en su sentimiento de frustración y en la rabia que albergaba en contra de su *monguer*. Pasó un rato y entonces le dije: «Tienes a tu marido en una situación imposible». Para el desdichado, la cuestión se había convertido en una verdadera paradoja irresoluble.

«Mira —proseguí—, si le pides a tu marido que tenga iniciativa y la tiene, resulta que lo hará porque tú se lo pides. Luego no tiene iniciativa. ¿No es así? La única manera que él tiene de demostrar su iniciativa cuando le pides que tenga iniciativa consiste en no tenerla. Así está haciendo lo que quiere, no lo que le pides. ¿Lo ves?».

Tómate un instante en releer el párrafo anterior.

A la petición de tener iniciativa, la única manera de demostrarla es no tenerla. ¿Dónde te vas a tatuar esta frase que puede cambiar tu forma de relacionarte?

Deberías disfrutarlo

Hay una forma más de caer en el precipicio del sufrimiento *monguer*. Quizá sea la más sutil de las tres. Tal vez, lo único que deseas es que el otro disfrute de una situación en la que, al parecer, no se siente cómodo. Voy a explicarlo con un ejemplo reciente, veamos: tuve que impartir una formación en un ambulatorio de atención primaria. Era un curso sobre el manejo del *burn out* en los profesionales sanitarios. Como seguramente sabes, esto del *burn out* tiene que ver con los devastadores efectos de la sobrecarga de trabajo, la falta de reconocimiento por parte de la organización hacia sus trabajadores y la frustración y desmotivación provocadas por el hecho de desarrollar la profesión de una manera que no es la que crees que debería ser. Durante una de las sesiones, escuché las lamentaciones de los profesionales, que fueron desgranando los agravios que habían sentido a lo largo de los últimos tiempos. Ellas y ellos habían elegido una profesión vocacional, y la realidad estaba destrozando sus expectativas e ilusiones. Una de las doctoras estaba realmente muy afectada. Me contó que acababa su jornada agotada y que se sentía muy frustrada y deprimida. Cuando llegaba a casa, a la hora de la cena, coincidía con su mujer, que era una famosa entrenadora personal. Al parecer, la entrenadora llevaba un tiempo recuperándose de una importante lesión y no estaba trabajando demasiado a causa de la rehabilitación. Ella también se sentía cansada y desanimada, en este caso por su falta de ingresos. Cuando la doctora se quejaba del trabajo, su mujer le decía: «Deberías estar contenta, tú tienes trabajo fijo, y si te enfermas, al menos cobrarías tu baja. ¿De qué te quejas?».

¡WTF! ¿No te parece increíble?

Escuchando a la doctora, mi opinión es que tenía motivos para estar quemada y su pareja le estaba diciendo: «Deberías estar contenta, disfrutarlo». Llámame friki, pero yo pienso que ¡no puedes disfrutar nada cuando estás jodida, chica! Es como que no tienes derecho a quejarte si no estás ardiendo en las calderas del infierno. O, como decía mi abuela, encima de puta pagas la cama.

Sucede algo parecido cuando alguien te invita a comer a su casa y cocina un plato raro, supongamos, un tabulé de quinoa negra ecológica con seitán. Podemos imaginar que la persona sea fan de la comida vegetariana y que, en cambio, a ti te encanta un entrecot casi crudo. Sin embargo, te han invitado y valoras el esfuerzo realizado por la persona que cocinó. Por tanto, ¿qué haces? Si eres como yo, te lo comes. Incluso reconoces en el interior más profundo de tu ser que no está mal. Ojo, no te engañes: el plato está a mil jodidas millas de compararse al entrecot que tenías en tu mente, pero te lo has comido. Supón, por un momento, que la persona que ha cocinado el condenado tabulé te pregunta: «¿Está rico, te gusta?». Ahora estás atrapado en una situación imposible, la pregunta te convierte en un auténtico *monguer*, ¿qué respondes? Si dices que te gustó, estás garantizándote un nuevo plato raro en el futuro, pero tampoco puedes decir que no te ha gustado, porque no es cierto del todo, no estaba mal. Si respondes con un: «No ha estado mal del todo», probablemente el cocinero se quede afectado. En realidad, cualquier respuesta que no sea «Me ha puto flipado» puede resultar incómoda. La cuestión ha llegado a este punto porque en la mente del chef hay un «deberías disfrutarlo». Un terrible «deberías disfrutarlo».

Los terapeutas breves conocemos bien estos problemas. Los llamamos «la paradoja del *sé espontáneo*». Nadie puede ser espontáneo a demanda, es decir, solo puedes ser espontáneo si te surge *espontáneamente*.

Deja de sufrir

Todos los puntos anteriores tienen en común la premisa de que el *monguer* no está respondiendo adecuadamente a nuestras sugerencias. En los casos precedentes, ha quedado claro el asunto. La doctorcita debería estar agradecida al machaque recibido por el sistema porque cobra a fin de mes, tú deberías tener un orgasmo al comerte un tabulé de quinoa negra biológica, el marido apalancado debería convertirse en un youtuber aventurero y el adolescente de quince años se pondría a estudiar de buena gana cuando llegara del instituto.

¡Sería tan fácil si esos *monguers* hicieran las cosas como se tienen que hacer!

Pero la vida se ha empeñado en rodearnos de seres abyectos, de *gilipollers* que, aun siendo adorables por otros motivos, se resisten a mejorar sus vidas. Para que no te dejes tu salud mental en la cuneta, es importante que te ayude a sobrevivir al *monguerismo*.

No siempre las cosas van a salir como quieres, acéptalo. Es más, en muchas ocasiones debemos aprender a sobrevivir, a ahorrar energía, porque la existencia es muy larga y no está el horno para bollos.

La primera de las tácticas para una supervivencia eficaz es aprender a detectar a los *monguers* de nuestro alrededor. Que tengas un futuro tranquilo va a depender directamente de desarrollar esta habilidad. Si eres eficaz en la detección, y habiendo leído hasta aquí, el siguiente paso es dejar de cometer las cagadas anteriores. La mejor manera de arreglar algo es dejar de empeorarlo. Veamos pues dos *tips* para ayudarte:

- Abandona los intentos de convencer al otro a través de la argumentación. El *monguer*, a pesar de su inteligencia, tiene un punto ciego en el tema o temas que te irritan. No conozco ningún caso en el que, después de meses o años de discusiones por un mismo asunto, el *monguer* haya hecho grandes cambios. Tratar de hablarlo de manera racional va derivando en una escalada de hostilidad que desemboca en gritos, trifulcas y mal rollo por culpa de la limitación de nuestro interlocutor. No solo no se entera, sino que sigue en sus trece.
- Deja de esperar que el *monguer* no lo sea. Cuando llevas mucho tiempo razonando con ese ser, sueles cambiar de táctica para esperar que deje de ser así. Esperas que suceda un milagro. No va a salir de él o ella, no sabe lo que debería saber ni lo sabrá y, por supuesto, no te va a entender ni va a disfrutar aquello que quieres que disfrute.

Si mantienes tu estrategia perdedora, cavas tu propia tumba frente a la resistencia perfecta del *monguer*. Pedir a la gente que cambie está bien, por descontado, pero solo cuando ves que la persona va interiorizando las sugerencias que haces. Si te das cuenta de que hay pequeños o grandes cambios. Si, por el contrario, sigues insistiendo cuando el otro no hace nada para cambiar, eso te convierte a ti en el *monguer* de tu *monguer*. Recuerda que, como dijo Einstein, «La locura no es más que hacer siempre lo mismo y esperar un resultado diferente».

Así pues, la norma es que dejes de hacer el idiota. Aunque no pierdas la calma, estoy aquí para ayudar.

Nadie ha dicho que las relaciones sean fáciles

La teoría del refuerzo intermitente dice que premiar una conducta de vez en cuando es más poderoso que premiarla siempre. Las máquinas tragaperras, por ejemplo, están basadas en este tipo de refuerzo intermitente. Si cada vez que echaras un euro te premiara con un céntimo, sería un aburrimiento. Al cabo de un rato, abandonarías el juego tras ganar unos pocos euros. Ciertamente ganarías algo, pero de manera muy anodina, aburrida. Lo que te va a poner cachondo es jugarte veinte monedas y que de vez en cuando suenen las fanfarrias porque te han tocado cinco eurazos. Así te atrapa el refuerzo intermitente. Gastas quince y te tocan cuatro. Es una forma eficaz de arruinarte. Es lo mismo que te pasa con tu hija cuando después de decirle ciento cincuenta veces que recoja la mesa, al final lo hace. Cuando ya eres adicto a las tragaperras es jodido dejarlas, como seguramente te va a costar dejar de mantener tus respuestas frente al *monguer* de turno. Y eso no va a significar que seas corto.

Ya sabes que este libro no te dice las cosas que quieres oír. No obstante, abre bien lo ojos, y si le echas ovarios, volverás a tomar las riendas de la situación, por la gloria de mi madre:

- Si esa masa orgánica con capacidad ambulatoria es un *monguer emocional*, ¿por qué te sigues empeñando en tratarlo como un *inteligente emocional*?

- ¿Para qué le sigues pidiendo que vuele a tu altura ideológica si no tiene alas? Esa persona está en un estado en el que solo puede arrastrarse por el fango emocional, ¡qué coño va a volar!

- Ok, te has dado cuenta de que es *monguer*, la cuestión importante llegados a este punto es: ¿Es tan importante el asunto de que el *monguer* no cambie como para romper la relación? En una ocasión una paciente me contaba que, durante veinte años de relación con su pareja, mientras hacían el amor, él le mordía en la oreja. Ella siempre le había dicho que le molestaba ese mordisqueo, pero él ni una sola vez en veinte años dejó de hacerlo. A la pregunta: ¿Es suficiente esta mierda para dejar la relación?, ella me reconoció que no, que en general su pareja era buena gente y que disfrutaban de muchas cosas juntos. En el ámbito de la mordedura él resultaba muy *monguer*, pero no para que ella le diera el pasaporte.

- En su simplicidad, al *monguer* suele funcionarle una orden directa. Por ejemplo: «Johnny, ¿puedes llevarme al restaurante tal a cenar el viernes?» suele ser bastante eficaz con el *monguer* medio. Posiblemente una petición directa de este tipo sea mejor que esperar que Johnny acierte a reservar en el restaurante Tal por su cuenta, sobre todo si no lo ha hecho casi nunca o nunca. «Vamos al cine a ver la peli X» es mucho mejor que una cuestión abierta como «Sorpréndeme esta noche, cariño», o «Haz la cama» suele ser mejor que «Habría que recoger».

- Por último, reflexiona si el tema es suficientemente fuerte como para plantearte dejar la relación. Si es así, ¿a qué esperas para empaquetar de inmediato a esa persona?

Hacerse cargo de que las cosas nunca irán como deseas no es tarea fácil, es verdad, pero mantenerse en el túnel del terror por tu mala cabeza es mucho peor. Las consultas de los psicólogos y las psicólogas están llenas de personas que sufren deseando que el otro cambie mientras evitan tomar decisiones que les pertenecen. Me refiero a que lo habitual es echar balones fuera, poner la atención en lo que el otro hace mal, indicarle que cambie, pero tras años de infructuosos intentos, cuando ves que el otro no cambia ni cambiará, no hagas como Sísifo, ese personaje mítico que fue castigado a cargar con una roca para toda la eternidad. Si mantienes todas esas estrategias que no han funcionado, aunque no seas del Planeta Mongo sí que habrá un *monguer*, y serás tú.

7

HAZLO TODO Y MUERE

> La división del trabajo consiste en que unos ganan y otros pierden.
>
> EDUARDO GALEANO

Cuando era un adolescente mi madre solía decirme: «¡Ya está bien, soy una esclava!». Estaba todo el día al servicio de la familia, puedes hacerte la idea, lavando ropa, comprando, haciendo la comida, trabajando. Pertenezco a una generación en la que los hombres no colaboraban demasiado en casa y, la verdad, no sé si ha cambiado mucho el cuento. Con esto quiero decir que, al menos, nunca vi a mi padre haciendo tareas en casa. Debo decir a favor de mi viejo que se marchaba a las siete de la mañana para trabajar y volvía a las nueve de la noche, agotado y mudo de tanto gritar en el curro. Trabajaba en una imprenta, con grandes rotativas que eran ruidosas como el motor de un avión; aún recuerdo con cariño su olor al llegar a casa, una mezcla de cansancio y tinta. Me queda la tristeza de no haber conocido apenas a mi padre, pues casi no tenía oportunidad de verlo. Mi madre, sin embargo, trabajaba por las tardes y por la mañana se ocupaba del resto de las tareas de casa. No es que yo fuera muy tocahuevos, pero algo de trabajo daba. Agradezco a mi madre haber hecho todo aquello que creía que tenía que hacer, aunque no recuerdo que lo hiciera de muy buena gana. Mientras conviví con ella hizo mi cama, cocinó, lavó y remendó mis prendas de vestir. Como mi madre murió no le puedo preguntar, pero tengo la impresión de que lo hacía como una pesada obligación. Intuyo que era una especie de condena que la llevaba a suspirar muy a menudo y a tener, en general, cara de pocos amigos. Imagino que esa sensación de ser una esclava, según mi madre, surgía siempre cuando hacía alguna de esas cosas que yo podría haber hecho con bastante facilidad, como, por ejemplo, lavar alguna prenda, recoger mis trastos o freír unas croquetas.

Hacer y enseñar

Cuando hablamos de educación, parece bastante claro cómo debemos hacerlo. Lo recomendable, si tienes hijos, es hacer con ellos actividades mientras les enseñas a hacerlas. Por supuesto, esto no es un libro del tipo *10 lecciones universales sobre cómo educar a tus hijos*. Solo quiero que te des cuenta del sufrimiento que conlleva el hecho de enseñar a tu hijo a hacer las tareas de casa, por ejemplo.

¿Y para qué habrías de enseñar al otro? Pues para que aumente su autonomía cuando llegue el momento.

A cada edad le corresponde aprender determinadas cosas de esas que sirven para la vida. Algunas las aprendiste por tu cuenta, otras en casa. Muchas en tu familia, en el colegio o con tus allegados, ¿verdad? Cuando las personas que te cuidan te dan responsabilidades es porque consideran que, de algún modo, estás madurando y deberías poder hacerlas por ti mismo.

Cada persona es un mundo, y el grado de maduración y aprendizaje no es igual para todos. Si tienes dos hijos, por ejemplo, una chica de catorce años y un niño de once, puede que pienses que cuando tu hija tenía once años era más independiente que el chaval. Obviamente estoy generalizando y no siempre será así, es tan solo para que veas a lo que me refiero cuando digo que cada persona lleva su ritmo.

¡Que no se la pegue!

En relaciones emocionalmente cercanas, como la de un padre, dos hermanos o una pareja, muchas veces el mayor teme que el otro no sea suficientemente espabilado y tiende a ayudarle para que no se dé una hostia de esas que la vida suele dar. Como ya has pasado por las mismas cosas, quieres ahorrarle a ese ser querido el bofetón que la vida le tiene preparado y que te parece ver venir. Es ahí precisamente donde muchos naufragamos.

Hace unas semanas estuve tratando a una mujer que me hablaba de sus hijos. El mayor, de unos veintitantos años, tenía una enfermedad del sistema endocrino que le había dado problemas desde siempre. Esa enfermedad no le impedía llevar una vida relativamente normal, aunque sin duda era molesta y difícil para él y para todos. Tenía que ser muy estricto en su alimentación y era importante que se cuidara e hiciera actividad física.

Se trataba de un chico inteligente, pero siempre había sido mirado como si tuviera una limitación cognitiva. Su hermana menor, por el contrario, a pesar de tener unos años menos, se había manejado siempre con gran responsabilidad y autonomía. La señora en cuestión se lamentaba de las dificultades generadas por el mayor diciendo: «No espabila y no podemos fiarnos de él». Tenían una pequeña empresa familiar y el joven trabajaba con ellos. Era poco comprometido, no seguía las indicaciones médicas que le habían recomendado y, en cuanto al trabajo, había días en los que no se levantaba de la cama y no se presentaba. En otras ocasiones, iba a trabajar cuando le parecía oportuno. Percibía un sueldo, pero sus padres lo cubrían cuando no se hacía cargo de sus responsabilidades. Si no iba a trabajar, el padre tenía que doblar esfuerzos, y si él cometía una infracción de tráfico o dejaba de pagar algunas cuentas en el pueblo, su madre lo solucionaba. Los padres estaban desesperados, pero temían que el chico pudiera estar muy deprimido y dudaban de que fuera capaz de hacerse cargo de sí mismo. Mientras tanto, su hermana menor, sin que le hicieran demasiado caso, tenía una pareja estable, estudiaba y se pagaba sus gastos con pequeños trabajos que le iban saliendo.

Escuché a la mujer y le hice saber que entendía cómo se sentía. Como padre me hacía cargo de cuánto puedes sufrir cuando piensas que un hijo no puede salir adelante por sí mismo. Le pregunté por qué le ayudaban tanto, habida cuenta de que él se había convertido en un tirano. No parecía ser tonto, y a pesar de su enfermedad metabólica podía trabajar y ser útil. Ella, con un largo suspiro, me respondió: «Lo hacemos todo para que vea que tiene que ser responsable, lo queremos y deseamos lo mejor para él. Le damos ejemplo, pero él no tiene ninguna voluntad de cambio». Para mis adentros pensé: «¿Cómo alguien puede hacerse responsable de algo si no tiene que ocuparse de las consecuencias de sus actos?».

La fábrica de tontos

Voy a ser sincero contigo. La fábrica de los tontos consiste en pretender que alguien aprenda una responsabilidad quitándole el peso de las consecuencias de sus actos. Shakespeare decía: «El buen juicio es resultado de la experiencia, y la experiencia es, a menudo, resultado del mal juicio». Para tener buen juicio, debes haberla cagado, colega. La vida se aprende viviéndola. No hay tutoriales en YouTube para eso. Nadie, ya lo sabes, es como tú. Por eso los consejos de los demás no suelen ser demasiado útiles para nosotros. Tú tienes tu historia, tus habilidades y tu suerte, y nadie puede vivir tu vida por ti.

En la vida, hay ocasiones en las que nos toca echarle valor a las cosas. Se te tuercen los planes, tomas decisiones equivocadas o cometes errores. Si eres humano te va a pasar. Cuando viene otro y te resuelve el asunto, podría parecer una bendición, pero, cuidado: si siempre hay quien te soluciona las movidas feas, no te quepa duda de que te convertirás en un gilipollas. En alguien que se va a ahogar en un vaso de agua.

Hace bastante tiempo, vino a mi consulta el hermano de un famoso futbolista de primera división. Era, además de su hermano, su representante. Se ocupaba de que el chaval estuviera centrado en el fútbol. Me contó que había escuchado hablar de mí y que tal vez yo pudiera ayudarle. El problema que tenía era que su hermano era lo que él llamaba un «cabeza loca». Se trataba de un hombre de casi treinta años que andaba siempre metido en líos. Tenía problemas con mujeres, algunas incluso querían denunciarlo por sus comportamientos inapropiados, y se metía en dificultades constantemente, con peleas y deudas de juego. El sufrido hermano-representante se dedicaba a taparle las miserias tirando de talonario, pagaba sus deudas, los intentos de denuncia que sufría y cualquier otra eventualidad que le pudiera suceder. Como el futbolista ganaba mucho dinero, siempre lo resolvían todo sacando la billetera. El hombre, unos cinco o seis años mayor que el astro del balón, estaba verdaderamente preocupado y me pedía ayuda para que convenciera al chavalote de comportarse mejor. «Solo quiero que sea responsable», dijo con el rostro sombrío.

Era un caso muy difícil y nunca me sentí capaz de ayudarle a resolverlo. Le dije al hombre: «Si lo he entendido bien, tu hermano es un golfo que no tiene límites —él asintió—. Has intentado persuadirlo para que se porte bien, pero no has tenido éxito. Y cuando él se mete en algún lío, a ti te toca el papel de ir detrás arreglando todos los follones, ¿no es verdad?». Estuvo de acuerdo con mi lectura del caso. Ellos eran de origen africano, pertenecientes a una familia humilde pero con fuertes valores religiosos. Le dije: «Para tus padres, y para tu familia, tu hermano no deja de ser un gamberro. Solo podría madurar si fuera responsable de sus actos y pagase las consecuencias. Si se comporta como un idiota, tendrá que ir a juicio o apechugar con lo que sea. La única oportunidad está en que dejes de arreglarlo todo por él. Es un niñato». El hermano mayor se quedó en silencio durante unos instantes, estaba cabizbajo, como si se hablara a sí mismo. Me miró. «Tienes toda la razón, pero mi hermano es la gallina de los huevos de oro, no puedo dejar que se estrelle así. Todos dependemos de él».

De nuevo se hizo el silencio. Esta vez se me hizo eterno, creo que a él también. Lo miré con esa cara que solemos poner los psicólogos cuando esperamos que digas algo más, y entonces añadió: «Voy a seguir haciendo mi trabajo, en realidad no soy su mánager, soy el que le limpia el culo. Muchas gracias por tu tiempo».

Personas que aman demasiado

En el amor, puede que lo hayas podido ver hasta hartarte, existen parejas muy descompensadas, en las que uno de los miembros lo hace todo y el otro, nada. ¿Te suena esa canción? Muchas veces todo ello queda disfrazado por algo que llamamos «amor». Cuando uno de los dos tiene mucha fuerza, a lo mejor el otro tiene menos. Que suceda eso es hasta cierto punto normal, y en una buena relación de pareja puede que ambos sean complementarios. Quiero decir que donde no llega el uno, llega el otro. Si tienes pareja, no te pongas obsesivo con eso, seguro que no se puede hacer un reparto al cincuenta por ciento; lo normal será que uno tire del carro un sesenta o sesenta y cinco por ciento, y el otro el resto, o al revés. Sin embargo, es muy habitual ver relaciones de noventa/diez o de noventa y nueve/uno y, cuando eso sucede, empiezan los problemas.

Cuando uno de los elementos de la pareja se ocupa de todo, se responsabiliza de todo, puede ocurrir, y de hecho ocurre, que el otro se columpie. Esta sobrerresponsabilización provoca que la persona que tira del carro se vaya cansando si, mientras se esfuerza, se da cuenta de que el otro se retrae, deja de hacer y cede terreno en cuanto a sus responsabilidades. Lo habrás visto en muchas parejas, o tal vez tú mismo te hayas visto envuelto en algo parecido.

Un señor vino a visitarme para contarme que era muy desgraciado con su esposa. Ella había padecido una importante enfermedad y él se había tenido que ocupar de casi todas las cuestiones de la familia. Lo hizo de buen grado, al ver que su mujer estaba mal, pero a medida que ella mejoraba, le parecía que su mujer seguía cediendo el terreno, era como que ya le venía bien que él asumiera todas las responsabilidades. «Lo peor de todo —contaba— es que luego me critica y me dice que no he hecho bien muchas de las tareas que he realizado». «Se ha vuelto exigente y perezosa», decía frustrado. Preguntándole por todas las cosas que había hecho en los últimos tiempos, constaté que prácticamente no había compartido con su esposa las decisiones tomadas. Se había hecho cargo del timón, pero a su manera. Era cierto que se había esforzado y que lo había hecho con la voluntad de cuidarla, pero no era consciente de que la estaba tratando como a una enferma para todo. Ese es un desequilibrio que una buena pareja nunca va a perdonarte.

«Si me tratas como un enfermo que no se puede ocupar de las cosas, me comporto como un enfermo y no me ocupo de nada». Entras en el círculo de la profecía que se autocumple.

¿Te das cuenta del problema diabólico aquí? Cuantas más responsabilidades tomas, más se relaja el otro y menos se ocupa de lo suyo. Cuando te ves corriendo en la rueda del hámster y te preguntas por qué el otro no espabila, te vas cabreando.

Esa situación genera rabia a ambos lados de la ecuación. El que hace las cosas siente rabia porque se cansa de hacer sin que el otro se ponga las pilas. Como resultado de este bucle, el desdichado irresponsable siente que no le dejan hacer. Así, si quieres tener éxito haciendo sufrir a todo el mundo, solo debes continuar insistiendo en ayudar sin límites.

Sobreidiota

> La más tonta de las personas puede manejar a un hombre inteligente, pero es necesario ser muy hábil para manejar a un idiota.
>
> RUDYARD KIPLING

Cuando estás metida o metido en un *loop* infernal como este, te vas sintiendo idiota. Si abres los ojos y te das cuenta de que seguir haciéndote cargo de las cosas que le pertenecen a otro os perjudica a ambos, verás que de la ayuda a la sobreprotección hay un paso. El mensaje que le das al que sobreproteges es de que es un flojo o una pusilánime.

Hay dos escenarios posibles:

- Ayudar cuando nadie te lo pide. Eso genera muy mal rollo al otro. Te vas a cansar de ayudar y de esperar, y tu contrario se va mosqueando porque siente tu presión.
- Que alguien te pida ayuda para evitar responsabilizarse de lo que le toca. Cuando eso sucede, en lugar

de estar agradecido por la ayuda, el abyecto personaje se lo acaba tomando como tu obligación.

A la sombra de papá

Conocí a un abogado que siempre había trabajado en el bufete de su padre. A duras penas logró acabar su carrera en la universidad y su padre, un reconocido abogado, le ofreció cobijo en el despacho familiar. Se ocupaba de ayudar a su progenitor en algunas de las tareas que este tenía. Nuestro conocido no poseía excesivas habilidades, técnicas o relaciones para despegar por su cuenta. No sabía demasiado de derecho, ni mostraba muchas ganas de aprender. Los astros tampoco lo habían dotado de una gran simpatía, ni tampoco se le veía mucha voluntad de mejorar en ese aspecto. Aún hoy, en pleno 2022, no sabe ni cómo hacer una reunión online, ni maneja con soltura su propio ordenador.

Pero volvamos al pasado. Fueron transcurriendo los años y el hombre iba viviendo razonablemente bien. Seguía ocupándose de tareas sencillas, mientras otros, más dispuestos y ambiciosos, tomaban las riendas del despacho. Muchos de estos compañeros se fueron independizando al ver que iban dominando su ámbito de trabajo. No era así para nuestro personaje, que seguía ocupándose de tareas menores, asistiendo a su padre con sus clientes. Creo que, en cierto modo, él pensaba que acabaría heredando el negocio. El padre, un profesional con gran experiencia y recorrido, se daba cuenta de que su hijo, a pesar de tener más de cuarenta años, no aprendería jamás a ser un buen abogado. Sabía que un profesional debe ser resolutivo, despertar confianza en sus clientes, y creía firmemente que su hijo nunca llegaría a hacer eso. Como resultado de esa percepción, se ocupó de sostenerlo y protegerlo. Con el paso del tiempo, el padre fue haciéndose mayor y, cercano a sus ochenta años, trabajaba mucho menos, la importancia y el tamaño del despacho habían menguado y no necesitaba tantos colaboradores. Continuaba atendiendo a sus clientes de toda la vida, personas con las que había establecido un vínculo de confianza absoluta y que se habían convertido en amigos. En esos momentos, en el negocio quedaban cuatro personas: el papá, una estrecha colaboradora que trabajaba junto a él desde hacía décadas, una eficiente secretaria y nuestro conocido.

Ocurrió lo que tenía que ocurrir, y el anciano murió. Como resultado de esa pérdida, la colaboradora decidió espabilarse por su cuenta, los costos del local que tenían eran desorbitados y creyó que lo mejor era marcharse. Los pocos clientes que quedaban, amigos del padre fallecido y muchos de ellos octogenarios también, fueron muriendo o bien cambiaron de profesional de confianza. Nuestro querido amigo no había obtenido nuevos clientes por su falta de tacto y profesionalidad, y sin el paraguas del padre las dos mujeres abandonaron el barco. No estaban dispuestas a dejarse capitanear por aquel abogado sin entidad, poco comunicativo y con escasas habilidades. Lo dejaron solo.

Veo a este abogado de tanto en tanto, ya cincuentón. Se queja de que todos lo abandonaron. Guarda rencor a su padre por no haberlo dejado en una mejor situación y nunca hace ninguna reflexión referente al hecho de haber vivido bien mientras otros asumían sus responsabilidades. Ahora, ya mayor, se debe enfrentar con los gastos del despacho, la obligación de cuidar a los clientes que tiene y buscar nuevos, actualizarse y seguir adelante como un adulto independiente. La realidad es dura, está solo y sin capacidad de respuesta, no tiene apenas clientes y trata de sobrevivir exigiendo a sus hermanos que lo mantengan. Se cree en el derecho de apoderarse de cosas que pertenecen a todos, y lo hace enfadado y amargado, creyendo que, por el hecho de ser quien es, la vida le debe algo.

Ese es el terrible resultado de la sobreprotección. «Con las mejores intenciones, se consiguen los peores efectos», decía el escritor Oscar Wilde. Probablemente no sea culpa de nadie, el uno lo hizo por ayudar y el otro pensó que era lo que tocaba y se dejó hacer.

Aléjate de asumir las responsabilidades de otro, corres el riesgo de convertirte en un sobreidiota, te cansas y te llenas de bilis. En el caso que te he contado, el padre se evitó ser testigo del hundimiento de su hijo, pero en tu día a día, si te pasa algo así vas a sentir que la vida es tremendamente injusta porque nunca te lo van a agradecer, al contrario, nunca van a estar contentos y te van a seguir exigiendo.

Cada uno con sus mierdas

Si de alguna forma te ves reflejado en estas situaciones, haz lo que siempre te digo. Párate a reflexionar. Esto que estás haciendo para resolver tus dificultades, ¿te está yendo bien? ¿Estás obteniendo los resultados que te habías propuesto? Debes saber darte cuenta de si estás en un problema diabólico, en un bucle sin fin.

En caso de que lo estés, ¿cómo puedes salir de ahí? No te agobies, como decía el gran psicólogo Paul Watzlawick: «La situación es desesperada pero no es grave». La buena noticia es que existe vida más allá de cargar las cacas de los demás.

Hay dos tipos de personas: las que casi no toleran las mierdas de la vida y las que parece que pueden limpiarlas todas. Da igual el motivo que lleva a unos casi a no poder con nada y a los otros, poder con todo. Pero la experiencia me ha demostrado que es así.

Limpiarle el culo al otro está bien cuando por cuestiones de edad no puede o porque existe algún tipo de limitación objetiva que te autoriza a ti a meter la mano. Recuerda que si lo haces siempre tú, al otro le queda la amarga sensación de ser dependiente.

Aunque parezca extraño, nos da rabia el hecho de que el otro pueda con todo. Sí, has leído bien, en lugar de ser conscientes de que nos quieren, nos ponemos rabiosos. Eso hace que uno de los peldaños más importantes hacia la cima de la madurez sea aprender que no podemos ahorrarles a los demás el sufrimiento que conlleva vivir. Con la gente que quieres el asunto es más doloroso, porque tienes que ser capaz de verlos padecer hasta cierto punto para que maduren por sí mismos. Tal vez te toque acompañar el sufrimiento de un hijo que ha tomado una decisión equivocada, pero a cierta edad no podemos tomar la decisión por él o ella.

Tips de supervivencia

- ¿Tienes diagnóstico de limpiaculos? Sé valiente y acepta que lo eres. Es el primer paso para la liberación. Darte cuenta de que andas limpiando las cagadas de los demás sin que te den ni siquiera las gracias te va a llevar a poder dejar de hacerlo. Pero ¡cuidado! No va a ser fácil. Si estás demasiado acostumbrado a hacerlo, vas a caer en la trampa aun siendo consciente de ello. Aunque recaigas, no abandones tu deseo de dejar de hacerlo. Cuando hablamos de aprendizaje, se premian los intentos, aunque falles al principio. Si de diez mierdas limpias ocho, es hora de ir bajando poco a poco. Al cabo de un año, si solo te ocupas de cuatro, podemos considerarlo un éxito.

- Chequea tus vanos intentos de solución: agarra papel y lápiz, haz una revisión exhaustiva de las veces que has tratado de ayudar a esa persona. Apunta si hiciste algo que debería haber hecho ella y si te ha hecho caso alguna vez en tus sugerencias de mejora. Debes decidir si has intentado bastante o no hacerte cargo de la situación. Piensa que, si decides ayudar a esa persona desde hace tiempo para que aprenda a responsabilizarse sin éxito, estás metiendo la pata. Hay casos y casos, y si lo que quieres es hacerlo para ayudar independientemente de si se responsabiliza o no, eres libre de hacerlo. Lo que te mata es querer que el otro cambie. En el caso que he contado del abogado, su padre decidió ocuparse de él sin esperar nada a cambio. Los problemas, aunque nuestro amigo siempre se quejaba, aparecieron al morir el protector.

- Reconocer que el otro va cagado: una vez que empiezas a detectar las dificultades del otro, en lugar de cargarlas, lo ideal es que aprendas a admirarlas. Hacerlo sin limpiar es un verdadero arte. Saber decir: «Lamento mucho que te ocurra eso, pero estoy convencida de que encontrarás cómo manejar la situación» o bien: «Es realmente una mierda que tu chica te haya dejado, seguro que vas a pasar un terrible duelo», son maneras de permanecer al lado del otro sin ocuparse del caso. Grábate a sangre y fuego que crecemos enfrentándonos a la vida. O como diría mi padre: «A lo hecho, pecho».

- Aprender a sufrir el dolor del otro sabiendo que le ayudas: crecer como persona también supone aceptar que el dolor y el sufrimiento van a venir a visitarte, al igual que la alegría. Cuando algún allegado lo pasa mal, sabes que sufre y lo que necesita es saber que lo sabes. Resistir hasta cierto punto que tu ser querido se sienta mal es también una manera de amar. Amar no supone siempre anticiparte.

- ¿Supergirl o Superman? De acuerdo, hasta ahora has sido un *fucking superman* o una superheroína. Te has dado cuenta de que debes dejar de hacerlo, pero no te recomiendo que lo hagas de golpe. No puedes pasar de hacerle todo a tu hijo a no hacer nada. Eso tampoco sería justo. Lo que te propongo es un abordaje progresivo. Empieza a declarar que ya no tienes tantas energías como antes y que a duras penas puedes con tus cosas. Sigue ayudando, pero modera la intensidad de tus aportaciones. *Kriptonízate*. Superman tiene problemas con la kriptonita, que es un material que le debilita. Finge tu *kriptonización*, muestra más tus debilidades y explica a tu gente que andas medio flojo. Eso permitirá al otro entender que cada vez ayudes menos y que te distancies un poco de lo que has venido haciendo.

- Sabotea con amor: una última sugerencia es dejar de ser infalible, así logramos que la otra persona no se fíe y acaba haciendo algo por sí misma. Mi madre, por ejemplo, empezó a quejarse de que se sentía mal; rondaba los cincuenta años, y creo que la menopausia la afectó de manera abrupta. Se sentía desorientada y con grandes cambios de humor. Sin darse cuenta, empezó a cometer algunos despistes, como mezclar la ropa en la lavadora, con lo que las prendas se desteñían. Me decía: «Perdona, hijo, estoy muy despistada, siento mucho haber echado a perder tu camiseta favorita». En otra ocasión, quemaba un poco la comida y me decía: «Últimamente ando muy nerviosa, se me ha quemado la carne, pero casi no se nota». Ella me colocaba el bistec carbonizado en el plato y se iba a hacer otras cosas. El hecho de que me sucediera todo eso hizo que empezara a ocuparme de mis lavadoras en casa y despertó mi interés en la cocina. No podía exigirle nada a mi madre, ni siquiera enfadarme, pues ella llevaba semanas diciendo que estaba mal, con lo que tuve que dar un paso adelante con esas cosas. Mucho más tarde, mientras estudiaba la Terapia Breve, aprendí que eso era una técnica llamada «el sabotaje benévolo». Mi madre lo había hecho sin saber que era una estrategia terapéutica ganadora. Sabotear con amor. Si siempre resuelves los problemas de matemáticas de tu hijo, estaría bien empezar a resolverlos defectuosamente, para que él no pueda fiarse de tu eficiencia, por ejemplo. Este tipo de sabotaje debe ser amoroso, como pidiendo disculpas, pero no puedes ceder durante un tiempo.

Kriptonizarse no es nada sencillo, pues te obliga a matar tu ego, eso que tienes en el interior que te hace pensar que sabes más que nadie. Bajar tu eficiencia y ahorrar energía para cuando hace verdadera falta es de personas sabias. Si decides probar, empieza poco a poco, pero sobre todo recuerda mantener tu determinación durante, como mínimo, un mes.

8

FLOWJERA

> Nada pesa tanto como un corazón lastima-
> do que tiene que seguir caminando.

Tristan Corbière

No sé si a ti también te pasa, pero a mí la vida me zarandea de vez en cuando. No siempre es tan *heavy* como cuando te sientes como si te hubiese partido un rayo por la mitad, pero te confieso que hay ocasiones en que me ocurren cosas que me dejan tocado y hundido, como tratando de salir a flote de una piscina llena de barro.

Cuando la vida te pone en jaque, te sobreviene la flojera. Vas a sentirte vulnerable y notarás como tus energías y tu confianza en ti mismo salen por patas. Lo verdaderamente curioso del asunto es que cuando estás así, parece que a nadie le mola. Es como que a tu entorno le incomoda que estés flojo y todos tratan de animarte para que sigas funcionando como si no hubiera pasado nada. Como si a nadie le gustara que muestres tu vulnerabilidad, y si te quejas o te quedas parado, todo el mundo te anima a que muestres tu mejor versión. ¡La gente debe de pensar que es tan fácil dejar de sentir malestar como cambiarte de ropa!

Es imposible que, cuando estás flojo, logres cambiar tu estado de ánimo solo con desearlo. Lo más normal es que en muchas ocasiones la flojera se convierta en nuestra compañera de viaje, de modo que si no te quieres angustiar más de la cuenta cuando llega la condenada debes aceptar la siguiente premisa:

La vida es aquello que pasa entre hostia y hostia

Cuando fui a Japón a practicar, mi maestro me enseñó que el karate no era el estudio de los golpes, sino el estudio de lo que sucedía entre golpe y golpe. Creo que el secreto de una vida bien vivida es muy parecido. Las cosas van a ir llegando como se suceden las olas en el mar, y lo bueno es aprender a disfrutar entre malos momentos. La verdad es que nadie pasa por la existencia sin sufrir ningún percance y, desgraciadamente, los problemas se van a presentar tarde o temprano. Ni siquiera esa gente que te sonríe desde su cuenta de Instagram pasa intacta por este valle de lágrimas. Con solo lanzar una mirada a tu alrededor puedes descubrir cómo las personas cargamos con muchas historias dolorosas. Como humano siempre estás expuesto a que te caiga una cagada de pájaro en la cabeza, y lo auténticamente naif es pretender que eso nunca sea así.

Cuando sufres y haces agua, empiezas a estar hecho polvo. En ese momento vas a empezar a querer agarrarte a lo que sea, una mala pareja, un trabajo odioso, una botella de whisky, etc., y todas estas cosas, como verás, en lugar de permitirte sobrevivir, te llevan a malvivir.

Baila, baila, baila

Hay muchas personas que logran superar sus problemas centrando la atención en otras cosas. Los hay que tratan de superar los escollos con medicamentos o cualquier otra sustancia. No creo que sea la mejor manera de afrontar los problemas, porque evitar los malos rollos no va a hacer que desaparezcan, ya lo sabes: por mucho tango que le metas al malestar, no vas a salir indemne de ese baile. España es el líder europeo en consumo de ansiolíticos, no es para sentirse orgulloso, desde luego. Yo no conozco a nadie capaz de drogarse en la dosis justa, ¿y tú?

Tratamos de capear los temporales intentando escapar del mal rollo sin atacarlo de raíz. Todos conocemos a alguien que siempre se está lamentando, haciéndose la víctima y autocompadeciéndose. Evitar todo lo que te agobia cuando andas con flojera no es nada eficaz, te lo garantizo. Aunque es comprensible que lo hagas, te hará sentir peor.

Deja de tratar de evitar tu flojera. Deja de disimularla,

de intentar distraerla con sustancias, personas o remedios absurdos. Si llevas haciendo eso mucho tiempo y tu malestar no mejora, es el momento de pensar un poco.

Mi consejo es: lleva tu flojera con dignidad.

Flowjera

> La tristeza no tiene fin, la felicidad, sí.
>
> TOM JOBIM

Cuando tu barco se ve azotado por la tormenta es cuando empiezas a notar que tus pies no están fijos sobre la tierra. No es tan metafórico como crees: las personas que sufren ansiedad suelen tener miedo de caer, se sienten inestables y notan como si sus piernas temblasen como flanes... Como si hubieras hecho cientos de sentadillas con un montón de peso. En ese momento, hay que saber atarse los machos. ¿Crees acaso que una persona que corre una maratón está estupenda en el kilómetro cuarenta? ¿Puede alguien escribir una novela sin tener ni un atasco creativo? ¿Nunca siente dudas una buena cirujana?

Cualquier gesta, y la vida es la más grande de todas ellas, viene acompañada del miedo, de la duda y del cansancio. A veces, lo que vas a sentir es el puro hartazgo.

¿Qué es la *flowjera*? La *flowjera* es la manera digna de que pases por las noches oscuras de tu alma. Aprender esta lección es muy importante para tu futura tranquilidad, porque las mierdas de la vida te acechan, como «Pedro Navaja», a la vuelta de cualquier esquina y, a pesar de eso, tienes que seguir jugando la partida.

Estoy bien porque estoy mal

En una ocasión, uno de mis mejores amigos sentía un dolor muy profundo por la muerte de su padre. Estaba muy unido a él. Trabajamos juntos, de modo que nos vemos a menudo. Yo sufría al verlo tan hundido, su estado de ánimo oscilaba entre la tristeza, la rabia y la desesperación. Un día me acerqué a él y, siendo testigo de su sufrimiento, le pregunté: «¿Cómo estás?». Mi amigo, con la voz quebrada, me dijo: «Estoy bien porque estoy mal».

Suena contradictorio, ¿verdad? Pues esa es una de las máximas expresiones de la *flowjera*, tener la capacidad de reconocer lo que se siente y vivirlo con gran dignidad. Dejarse llevar por el *flow* de la emoción del momento y, aun así, seguir hacia adelante. Afrontar las situaciones con ese talante es una capacidad que se está perdiendo. Sería bueno recuperar aquí la frase que solía decir mi abuela: «Somos pobres, pero limpios y remendados».

Cuando llegas a realizar cualquier actividad a pesar de estar jodido es cuando demuestras saber llevar el *flow* de la vida. Cargar el peso del dolor sin evitarlo, distraerlo y, mucho menos, pretender positivizarlo. La vida duele, como a veces el amor, e incluso así debes amar y vivir. Bienvenido a la *flowjera,* ese nuevo recurso que te va a permitir arrastrar las piernas, hasta que pasas de pantalla de lo malo y vuelve a salir el sol.

El Remiendo vs Kintsugi

Estoy harto de leer en ciertos círculos la típica historia del Kintsugi. Se dice que algunos artesanos del Japón, cuando una vasija se rompe, suelen repararla con oro. El significado de la historia trata de decirnos que al final, después de haber reparado algo roto con oro, es más valioso que antes. El mensaje más o menos obvio detrás de contarnos esto es que restañar las heridas causadas en tu alma puede aportar un aprendizaje valioso. Tiene algo de cierto, desde luego. Pensar que reparo algo con oro es creer que puedo extraer cosas buenas tras un fuerte golpe vital.

Pero la *flowjera* no es oro, se parece más al remiendo de toda la vida, a un buen zurcido. Requiere esfuerzo y el resultado no siempre resulta bello, pero es funcional. Imagina un remiendo en un zapato. Vuelves a usarlo, pero es raro que el zapato quede más bonito que antes. El Kintsugi es tunear, y para hacer un *tuning* se requiere capacidad y dinero. También es importante tener buen gusto, porque si no el resultado es muy hortera.

No, colega, déjate de leyendas fake y empieza a pensar con la cabeza. Cuando un buen boxeador recibe un golpe, trata de capear el temporal. Sabe que cerca del oponente está más seguro que poniendo pies en polvorosa; agarrado a tu rival estás a salvo porque tu oponente no puede pegarse a sí mismo. Así es la vida: cuando duele, estás más a salvo cerca del dolor que tratando de eludirlo.

Cinco pasos para poner la flowjera en acción

Nunca resulta fácil traducir las ideas acerca de las emociones en acciones a llevar a cabo. ¿Has escuchado alguna vez aquello de «la teoría ya me la sé»? Vivir bien es también la capacidad de actuar tras haber pensado un poco. Tan malo es pensar demasiado sin hacer nada como hacer las cosas sin pensar. Para poner en práctica nuevas maneras de funcionar hay que tener coraje, y mi propósito es movilizarte para que pongas tus pies a caminar.

En una ocasión, estaba preparando un curso para psicólogos y contacté con un viejo psiquiatra al que respeto mucho por su sabiduría. Le pregunté cómo podíamos saber si alguien ha cambiado algo en su modo de pensar. Se quedó callado, como hacen los sabios para captar tu atención. Asintió para sí mismo y dijo de forma contundente: «Porque hace algo diferente».

Así que voy a darte una estrategia en seis pasos para ver si tienes el coraje de seguir adelante a pesar de la *flowjera*:

- Si estás flojo, reconócelo. No te obligues nunca a sonreír. La vida te está pasando por encima como un *bulldozer* y seguro que no te consuela saber que no eres a la única persona que le pasa. Pon cara de póker. Un amigo suele decir aquello de: «No hay mal que cien años dure», y es verdad, pero también lo es que hay males que acaban contigo en un santiamén. Como boxeador, recibí golpes inesperados que me dejaron gilipollas durante un rato. Sobrevivir en el *ring* cuando te han golpeado fuerte es todo un arte. Debes saber agarrarte, temporizar, hacer ver que no te han tocado, incluso fingir que estás peor de lo que estás, porque, cuando recibes un golpe tremendo y sonríes, tu adversario sabe que estás jodido y no va a perder la oportunidad de hacerte besar la lona.

- No eres un político, eso significa que evitar los problemas no los hace desaparecer. La estrategia del avestruz siempre te deja el culo al aire, desprotegido. Afrontar las cuestiones, por mucho que te duelan, te garantiza salir victorioso en las elecciones de la vida.

- Has de pasar por los problemas sí o sí. Marear la perdiz con sustancias, movidas extrañas o plataformas *streaming* es algo tan absurdo como un policía secreto con uniforme. Se te va a ver el plumero y, lo que es peor, acabarás adicto a cualquier cosa, con lo que tus problemas van a empeorar.

- No te vas a morir si te permites sentir el *flow* del malestar. La *flowjera* no es una excusa para no hacer, al contrario, lo que buscamos es poder decir a los demás: «Estoy bien porque estoy mal». No seas como esos niños que se niegan a hacer algo con rabietas, ya no eres una criatura y puedes confesar que estás mal mientras haces lo que tienes que hacer.

- Déjate de coñas marineras y aprende a desarrollar la *flowjera*. ¿Crees que eres la única persona que está mal? La realidad es que muchas personas con las que te cruzas cada día lo pasan muy mal, no sabes nada de lo que sienten los otros. Cada uno de nosotros se enfrenta, en algún momento, a monstruos terribles que harían huir como una gallina al más pintado.

- Si eres capaz de sobrellevar tu malestar con la cabeza alta, te ganas el respeto hacia ti mismo. Nada nos garantiza que las cosas vayan a ir siempre bien, pero hay que saber llevar con arte las derrotas temporales para poder ganar las batallas importantes.

¿Te has dado cuenta alguna vez de que la felicidad crónica no existe y, en cambio, sí que existe el dolor crónico?

Nadie ha dicho que el propósito de tu existencia deba ser tener buen rollito todo el rato. El derecho a la felicidad es un invento que ha causado más problemas de los que ha resuelto. El deseo de una vida feliz es un anhelo para todos, e incluso me parece bien tenerlo. Lo que me consume de rabia es ver que hay quien se beneficia de ese relato para que te inmoles, para que consumas, para que te dejes la piel luchando en una pelea que no puedes ganar.

9

ENTENDERSE ES UNA PUTA CASUALIDAD

> Antes de hablar, cállate.
> WINSTON CHURCHILL

> Toda comunicación es una orden.
>
> GREGORY BATESON

Los jaleos de la comunicación

Llevo treinta años dedicándome a la comunicación, y cuanto más profundizo en ella, más complicado me parece que las personas nos entendamos. Cada uno de nosotros tiene su propio lenguaje y, en consecuencia, una forma personal de transmitir aquello que desea. Para poder entendernos con los demás, debemos partir de esta base: si cada uno de nosotros percibe la realidad a su manera, habrá que entender muy bien cómo construimos en nuestra cabeza esa realidad.

La palabra «comunicación» proviene del latín *comunicare*, que significa compartir, intercambiar algo o poner en común. A mí me gusta pensar que comunicación significa: acción y común. Ponemos en común nuestros deseos o necesidades a la espera de satisfacerlos, es decir, mediante el lenguaje, buscamos *influenciar* con la intención de conseguir algo.

La comunicación nos ha permitido avanzar porque ha facilitado acciones orientadas a realizar proyectos en conjunto. Esas actividades, como cazar, cuidar de los otros, etc., nos han hecho evolucionar como especie. La gran diferencia entre nosotros y otros seres vivos radica precisamente en la habilidad de poder *especificar*, a través del lenguaje, las cosas que queremos hacer o que deseamos que otros hagan. Han pasado miles de años desde que hablamos los unos con los otros, y el lenguaje, en cualquiera de sus formatos, es una expresión de *tu realidad*. Como los demás tienen *la suya*, a pesar de tener en el lenguaje una herramienta tan cañera, no te vas a librar de malentendidos, pero puedes librarte del mal rollo que producen si dedicas la lectura de este capítulo a comprender que si te entiendes con alguien es por pura casualidad.

¿Es real la realidad?

La creencia de que la propia visión de la realidad es la única realidad es el más peligroso de los delirios.

PAUL WATZLAWICK

Para empezar, una mala noticia: no tienes ni idea de lo que es la realidad. Tu sistema neurológico está lejos de ser perfecto, y a lo máximo que puedes aspirar es a plantearte una hipótesis de lo que pasa a tu alrededor. Y una hipótesis no es la realidad, no te flipes, es una aproximación. No es la verdad. Es una especie de cartografía con la que te orientas por la vida. Cada uno construye esos mapas en la cabeza y, entre nosotros, los hay con diferentes grados de precisión.

Un murciélago que pese veinte gramos, por ejemplo, es capaz de cazar un mosquito siendo ciego. Este pequeño mamífero emite ultrasonidos que rebotan en la superficie del mosquito. El murciélago ubica el rebote y localiza al insecto. Con un cerebro de un gramo, puede hacer algo que tú no lograrías ni de coña. Un salmón localiza, a más de tres mil kilómetros de distancia, el lugar donde nació, para volver en su madurez a desovar. Se cree que puede geolocalizarse por una especie de detección del magnetismo terrestre, aunque la hipótesis de que lo hace a través del olfato cada vez cobra más peso. Por si no lo sabías, ese animal tiene un cerebro de seis gramos. En mi caso, con mi cerebro humano de rey de la creación, no soy capaz de diferenciar un perfume de otro.

Lo que quiero decir es que estas habilidades que poseen otros seres vivos son *complementarias* a las nuestras. Imagina la realidad como la suma de todas estas cosas. Los sonidos, olores, colores que están fuera de nuestro espectro de percepción existen, aunque no los percibas. Te pierdes todo eso, y confundes tu mapa con la realidad.

Tú tienes tu opinión, yo tengo *La Verdad*

Hace tiempo, tuve una discusión por Twitter con un psiquiatra al que sigo, aunque no comparto su ideología. Hablábamos de política y él me dijo: «Tu opinión está sesgada por lo que lees». Respondí que sí, que por supuesto lo estaba, igual que la de él. Con la velocidad de las respuestas de Twitter, me soltó: «Tú tienes una opinión, yo soy objetivo». Al leer eso, no supe muy bien si reír o llorar. Él, un profesional reconocido de la salud mental, pensaba que su idea era una verdad «real» y mi punto de vista, una mera interpretación. De inmediato, sentí mucha lástima por sus pacientes. Debe de ser muy duro que te trate un presuntuoso que se cree en posesión de la verdad absoluta.

Entender al otro pasa por poder leer el mapa que te presenta al comunicarse. Pasa también por mostrarle el tuyo y buscar las referencias compartidas por ambos. Las personas con las que encuentres mayor número de puntos en común probablemente te caigan mejor. Puedo afirmar, tras tres décadas de profesión, que la comunicación no se da entre personas, se da entre los mapas de esas personas. O lo que es lo mismo: no te cae bien una persona, te cae bien su MAPA.

No lo sabes, pero naciste *influencer*

Quiero contarte cómo descubriste que entender al otro, y que te entendieran a ti, era un buen negocio. Vas a saber por qué la comunicación y que tu mapa sea adaptable al de los demás es vital.

Piensa en un bebé, ¿qué hace si siente malestar?

No hace falta que seas pediatra, te lo voy a decir: llora. Y lo hace de una forma tremendamente molesta para los adultos que lo tienen a su cargo. La naturaleza es así de eficaz para todo lo que tiene que ver con la supervivencia.

Cuando tú eras un bebé no sabías articular ni una palabra, solo llorabas, con la esperanza de que alguien hiciera algo por ti. Las personas que estaban contigo se preguntaban qué era lo que te podría estar pasando: ¿Será hambre? ¿Estará sucio? ¿Tendrá frío o calor?

Si hoy estás aquí, no puedes quejarte demasiado de cómo llevaron a cabo esos cuidados. Al menos lograste que te dieran de comer, te vistieran adecuadamente y, por último, pero no menos importante, conseguiste que mantuvieran tu culo limpio y seco. Lograste el objetivo, sin saberlo, *manipulaste* a esa gente y descubriste que, a través de la comunicación, era posible lograr lo que querías.

De modo que, desde muy pequeño, aprendiste a expresarte a la espera de que el otro respondiese.

A medida que has ido creciendo, has perfeccionado el arte de la comunicación y te has ido convirtiendo en un *influencer* cada vez más refinado. Ahora ya no solo sabes chillar o llorar y, aunque hay muchos adultos que aún lo hacen preferentemente así, tienes otras opciones. Hoy en día, te esfuerzas en explicar lo que te pasa y esperas que el otro te entienda, te quiera, te cuide o te limpie el culo. ¿Y sabes qué? Puede pasar que el otro no entienda un carajo.

No me chilles que no te veo

A finales de los ochenta, vi una comedia llamada *No me chilles, que no te veo*. En ella, dos personajes, un ciego y un sordo desconocidos entre sí, son acusados de un asesinato que no han cometido. La película es muy graciosa porque deben colaborar entre ellos para poder demostrar su inocencia, a pesar de que cada uno tiene una percepción de lo ocurrido muy diferente a la del otro. Aun así, después de un montón de sucesos y malentendidos disparatados, logran aclarar la situación. A menudo pienso en esa película cuando las personas me cuentan sus desencuentros con los demás. Cuando nos relacionamos con otras personas, no es raro que, pretendiendo decir una cosa, el otro entienda algo distinto. Estas interferencias en la comunicación, cuando generan conflicto, nos hacen sentir un poco idiotas y causan mucho dolor.

Una paciente de unos cuarenta años vino a verme a la consulta hace un par de semanas. Divorciada desde hace dos años, llevaba unos meses conociendo a chicos a través de una famosa aplicación de contactos. Me contó que había conectado con un hombre que le resultaba interesante, pero que no acababa de entenderse con él. Ella tenía ciertas dudas sobre la relación que ambos mantenían y cuando se lo expresaba a él con frases del tipo «no sé muy bien hacia dónde vamos», o bien él se retraía y desaparecía unos días, o bien reducía la cantidad de mensajes que mandaba por el chat. Lo que la mujer esperaba al expresar estas dudas abiertamente era que él se acercara más, pero lo que conseguía era lo contrario: se topaba con un muro, que ella interpretaba como «frialdad».

Como también soy un tío, pensé que a él le sentaría bien tener una comunicación más clara. La animé a que sacara el tema y que le contara cómo se sentía hablándole más directamente. Ella aceptó mi propuesta y una tarde que habían quedado para tomar una cerveza le explicó al chico cómo se estaba sintiendo con la situación. Le dijo cómo le sentaba que él, después de intentar profundizar en sus conversaciones sobre la relación, se alejara. Él se sorprendió, no entendía las dudas de la chica y dijo que estaba dispuesto a echar toda la carne en el asador en esa relación. Lo que le ocurría era que, cuando ella decía esas cosas, interpretaba que no quería estar tan cerca de él. De ese modo, se retiraba pensando que la mujer necesitaba más espacio. Ella aclaró que cuando decía eso lo que esperaba es que él dijera: *¡Quiero ir a por todas en esta relación!*

¡Menudo lío, resultaba que ambos querían lo mismo, pero interpretaban la situación al revés! Apuesto a que alguna vez te ha pasado algo parecido y te sentiste *gilipollers*.

Mucho flipado es lo que hay

A estas alturas de la película, ya empiezas a entender que estás a más de mil kilómetros de tener alguna idea sobre lo que el otro tiene en su cabeza. Hacemos lo que podemos. El psicólogo experto en terapia de pareja John M. Gottman suele decir que buscar el sentido profundo de la comunicación está sobrevalorado y que además genera problemas. Hablar demasiado de las cosas, cuando estamos dando por hecho que el otro nos entiende, suele llevarnos a desencuentros, enfados y decepciones. Se ha escrito mucho sobre la necesidad de *hablar las cosas*, pero como has visto en el capítulo de los *monguers*, no es del todo raro que hablar sea poco efectivo.

La madurez se alcanza cuando, sabiendo que entenderse es difícil, hablas lo que toca. Aprender a pedir aquello que precisas, o a expresar lo que te ocurre, no está reñido con saber cuándo dejar de hacerlo. Forzar al otro a comunicarse mejor, cuando está claro que pedimos un imposible, es como pretender que la torre de Pisa se enderece.

Querer entenderse

Entenderse con los demás es más una cuestión de querer hacerlo que de tener pericia en ello. Mirar al otro sabiendo que cada uno tiene sus mierdas es la actitud adecuada. Hay mucho de generosidad en el entendimiento. Cuando uno se enamora, por ejemplo, tiende a creer que comprende al otro más de lo que realmente lo hace. Por eso, cuando el amor se diluye afloran los malentendidos.

¿Has tenido la sensación de entenderte bien con alguna persona? Lo que hace que te sientas conectado con el otro es prestarle una atención genuina. No te haces el loco. Escuchas, preguntas y le miras a los ojitos.

La curiosidad y la voluntad de expresar qué queremos decir pueden ser una bendición o un calvario en función del momento y de la situación. Hay que estar siempre atento al interlocutor, porque querer clarificarlo todo puede convertirte en un tipo cansino. En aras de una buena relación, haces *como si* entendieras al otro. Es más un regalo que das que un intercambio. Para entenderse bien no hace falta obtener siempre respuestas. Saber tolerar los silencios también puede indicar que os entendéis muy bien.

Las seis leyes del buen *entendedor*

Como no sabes casi nada de lo que ocurre en la cabeza del otro, lo único que te queda es ponerle ganas. En el fondo, desconoces lo que esa persona ha experimentado a lo largo de su vida. Nadie te obliga a entender a otra persona, salvo que te toque compartir con ella una celda en un gulag siberiano. Si bien es verdad que una buena comunicación facilita que obtengas lo que necesitas, o que conectes con otros, no es obligatorio hacerlo. Nadie te pide que dejes de ser como eres, de modo que puedes aplicar mis sugerencias únicamente *si quieres*.

- Demuestra que tienes ganas de escuchar lo que el otro te cuenta. Tu actitud en esas ocasiones es más relevante que tu capacidad de comprensión. A las personas nos gusta percibir el interés del otro.
- Que el otro se sienta entendido es mejor que comprenderlo. ¿Recuerdas cuando tu madre te decía que ya te entendía y tú pensabas que no se enteraba de nada? Pues eso. Demostrar al otro que lo entiendes es el primer paso hacia la empatía.
- Puedes hacer mucho para que el otro se dé cuenta de que lo comprendes: reformula lo que te dice, repítele alguna de las cosas que expresa y hazle algún resumen de vez en cuando. Algo tipo: «Si he entendido bien, quieres decir X y te gustaría Y, ¿es así?». Pide confirmación después de los resúmenes para no perder el hilo.
- La gente busca consuelo, no consejo. Comunicarse bien no es dar la chapa, es escuchar con gracia. Si tu amiga te cuenta que su madre le preocupa, lo mejor que puedes hacer es decirle: «Entiendo que estés

preocupada por tu madre, ¡qué putada!», en lugar de «Lo que yo haría en tu lugar es decirle a tu madre que».

- No des nada por supuesto, preguntar y aclarar cosas está muy guay. Si algo no te queda claro, pregunta. Como decía mi abuela: «Más vale una vez rojo que cien colorado».

- Piensa que, en realidad, lo que entendemos por comunicación está muy sobrevalorado. La vida te premiará si haces más y hablas menos. Si quieres a alguien, demuéstralo, y si alguien te pide ayuda, dásela.

10

LA VIDA ES UN SIETE

> No tengas miedo a la perfección, nunca la
> alcanzarás.
>
> SALVADOR DALÍ

Lo normal es tener celulitis

Dicen por ahí que en las universidades árabes la nota
máxima es un nueve. El diez está reservado para Alá. Que
los musulmanes le dejen la perfección a Dios debería hacerte reflexionar. Querer ser perfecto te va a hacer sufrir a
lo bestia, porque no vas a acabar nunca de disfrutar de
aquello que logras, de lo que ya tienes. Si siempre sientes
que te falta algo más para ser feliz y eres de los que se pasa
la vida tratando de alcanzar eso que, a veces, ni sabes lo
que es, déjame que te diga que eres carne de cañón. Lo vas
a pasar muy mal en esta vida. Por otro lado, pretender saberlo todo o encontrar siempre la opción perfecta es una

garantía para sentirte inseguro. Esas frases hechas que parecen sacadas de las galletas de la suerte, tipo «Sé tu mejor versión» o «El cielo es el límite», suelen hacer más daño de lo que crees. Esas afirmaciones, de lo más naif, te llevan a creer que solo eres válido en un formato perfecto, ideal. Si eres imperfecto, eres una mierda y nadie te va a querer.

Eso deriva en una despiadada búsqueda de la excelencia en todos los ámbitos: belleza, inteligencia, paternidad, trabajo. Vas a querer destacar como una estrella y no tener ni pizca de celulitis. Esa necesidad de rayar la perfección te lleva a compararte con cualquier personaje al que le atribuyes todas las gracias que tú no tienes y te dejas el alma nadando a contracorriente.

No te dejes influir por una vida de Photoshop. Creer que estás a mil jodidas millas de ser tan bueno como crees que son los demás es terrible y te hace sentir poca cosa. El bucle perverso de la perfección es que cuanto más óptimo creas que debes ser, más *mierder* te vas a sentir. Y cuanto peor te sientas, ¿qué vas a querer hacer? Te lo voy a decir en pocas palabras: vas a tratar de ser *más* perfecto. Si estás metido en esa rueda, para poder salir debes reconocer que estás en un círculo infernal.

¿Perfeccionista o cagado?

Detrás del perfeccionismo se esconde el miedo. A nadie le gusta reconocerlo, porque es más elegante decir que eres perfeccionista que reconocer que eres un cagado. Sé que soy polémico, pero no escribo esto para caerte bien sino para ayudarte. La gente que quiere sacar siempre matrícula de honor sufre tanto que en ocasiones acaba en el diván de algún profesional. Estas son las preguntas que una buena psicóloga te haría:

- ¿Dónde aprendiste que tenías que ser perfecto?
- ¿Cuándo empezaste a pensar que, si hacías algo mal, podían dejar de quererte?
- ¿Qué sucedería si no tratases de ser todo el tiempo «tu mejor versión»?
- Si no puedes contestar «para mí», ¿para quién no fuiste, o no eres, suficientemente bueno?

Si te tomas tres minutos para contestar, verás que el miedo a no ser digno de ser amado está detrás de todo eso. Algunas personas van a demostrar su *cague* diciendo aquello de: «Soy perfeccionista, me gusta tenerlo todo controlado», cuando en realidad deberían decir que temen que nadie los quiera si son imperfectos.

¿Qué tipo de perfeccionista eres?

No todos sufrimos el mismo tipo de deseo de perfección, el miedo puede encontrarse en cualquier lugar. Por descontado, no hay nada malo en mejorar, no pretendo decir que te sientes en el sofá y no cambies nada de tu vida. Me refiero a cuando se te va la olla y empiezas a tener creencias absolutas del tipo: «Solo seré feliz con un vientre plano» o «Mi pareja tiene que demostrarme que siempre está enamorada de mí». Esos pensamientos van a machacarte todo el rato para que te explotes a ti mismo creyendo que son ciertos, porque no dejan que haya puntos intermedios: las cosas son así o son una mierda.

He visto perfeccionistas de todo tipo. Los hay que quieren tener un cuerpo perfecto, piensan que serán mucho más atractivos y deseables así. Otros creen que no deben equivocarse nunca. Si crees que tu valía como ser humano está en juego en cada decisión que tomas, posiblemente vas a tardar mucho en decidir. Vas a preguntarte: ¿Cuál es la decisión perfecta? Las personas que sufren hipocondría, sin ir más lejos, quieren conocer exactamente su estado de salud para tener el tratamiento perfecto si lo necesitan. Otros intentan controlar a través de esfuerzos brutales, cuidarse mucho para *garantizar* que nunca estarán enfermos. Como ves, hay tantos perfeccionismos como pueda crear la imaginación y todos tienen el miedo como punto en común.

¿Seguro al cien por cien?

> El destino es algo que se debe mirar volvién-
> dose hacia atrás, no algo que deba saberse de
> antemano.
>
> HARUKI MURAKAMI

En una ocasión visité a una mujer que deseaba separarse. Se sentía infeliz y estaba triste porque no se atrevía a poner punto y final a su relación. Le pregunté qué le impedía separarse y ella respondió que su pareja le había dicho que no sabría qué hacer si se quedaba solo, que tal vez se suicidaría o que acabaría volviéndose loco. Aunque él se lo había dicho de aparente buen rollo, no dejaba de ser una especie de amenaza. «Si me dejas, haré una locura». Esta mujer sufría pensando que, si se separaba y él hacía alguna tontería, no se lo podría perdonar nunca. «¿Qué tendría que pasar para que tuvieras el valor de divorciarte de él?», le pregunté después, a lo que ella respondió: «Tendría que estar segura al cien por cien de que no va a hacer ninguna locura». Esa es la gran cagada, desear la certeza *al completo*. De ahí nacen los temidos «¿Y si?».

¿Y si hago una locura? ¿Y si tengo una enfermedad grave? ¿Y si no soy capaz de arreglarme? ¿Y si la vida me va mal? ¿Y si me equivoco al elegir pareja? Muchas de estas preguntas no tienen una respuesta correcta.

Todos los meses de marzo y abril me consulta algún hombre atractivo por trastorno de ansiedad. Este pasado abril vino un bombero de treinta y seis años. Unos meses atrás, su imagen había formado parte del calendario anual que publican los de su gremio para recaudar fondos benéficos. Era un tipo de esos que lucen un torso musculado manchado de hollín mientras sujeta una manguera. Me dijo que llevaba unas semanas ansioso y que no sabía qué le estaba ocurriendo. Le pregunté cuál era su hipótesis y no supo qué decirme. Le pregunté —ya son muchos años de experiencia con los guapos de primavera— si había algún acontecimiento o celebración importante en su horizonte temporal y me dijo: «Bueno, sí, en septiembre me caso». «¡Ah!», dije yo. «A ver si va a ser eso. ¿Y te casas convencido?». Tras unos instantes, mientras me acomodaba mejor en mi butaca porque intuía que venían curvas, me dijo: «Es curioso lo que me preguntas... Mi novia se llama Susana, es una chica maravillosa, me gusta mucho y salimos desde hace un par de años. Nos entendemos fenomenal y lo pasamos muy bien juntos. Pero desde que se va acercando el día de mi boda, he empezado a darme cuenta de que miro a otras mujeres. En especial, a una compañera que me resulta muy atractiva. Victor, no quiero que pienses que soy un caradura, ni un ligón, pero he empezado a preguntarme si realmente Susana es la mujer de mi vida. Si lo fuera, ¿me fijaría en otras mujeres? Seguro que no. Estoy pasándolo mal con esta duda, la verdad. Y cuanto más me esfuerzo en pensar que he elegido a Susana y que debería estar completamente satisfecho con esta decisión, más me fijo en lo hermosas que son las mujeres con las que interactúo».

¡BUM! ¡Ahí lo teníamos! ¿Y si la cago casándome con

Susana y me pierdo al resto de los otros cuatro mil millones de mujeres del planeta? En el caso de mi paciente, el miedo a equivocarse o a perder la libertad de poder conocer íntimamente a otras chicas le generaba una duda que no podía resolver. Esta duda terrible no tiene una solución a priori. ¿Cuándo sabe uno que está ante la mujer de su vida? Cuando se hace viejo. O cuando no piensa y se deja llevar por lo que siente.

Dudo, luego existo

Las dudas van a aparecer en tu vida de la misma forma que las palomitas saltan en un microondas. Y la vida es muy cansina cuando intentas resolverla como si fuera un examen, en lugar de vivirla como si fuera un *trekking* por el Kilimanjaro. Si tomas la vida como una oposición a la Fiscalía del Estado, lo normal es que te pongas a buscar información y a tratar de conocer todo lo que sucede a tu alrededor para que no se escape nada. Lo jodido del asunto es que cuanto más sabes, más dudas tienes. Los japoneses tienen un refrán que dice: «Si quieres saber la hora, ten un reloj. Si no quieres saberla, ten dos». Cuando te asaltan los temores y las dudas aparecen, toda la información que consigues incrementa tu indecisión. No te proporciona certezas. Cuanto más sabes, más preguntas te haces. Adivina dónde te has metido entonces. Efectivamente, en un problema diabólico. Eso es un cerebro inteligente funcionando. Dudas, información, más dudas, más información.

No siempre estás en disposición de seleccionar los datos que son importantes y al final te sobrepasan. No sabes diferenciar el ruido informativo de lo que de verdad te interesa.

De nuevo la contradicción: cuanto más seguro quiero estar, más dudo, y por tanto más inseguro me siento.

El otro día vino a mi consulta una médico que dijo estar muy estresada. Es terrible la presión a la que están sometidos los médicos de familia. Me contaba que tenía muchas compañeras de baja; otras, a punto de enfermar, habían cogido vacaciones y ninguna era sustituida. «Las que quedamos en el ambulatorio estamos apagando incendios todo el día». Me contó que, con tanto cansancio, había empezado a notar que era menos eficiente en su trabajo. Después de atender a sus pacientes, le venían algunas dudas acerca de los tratamientos que había recetado. Por ejemplo, si a un paciente le daba una medicación, cuando lo despedía pensaba: «Luego reviso si el tratamiento puede ser contraproducente con la medicación que ya toma», o bien «Voy a revisar el historial de la paciente por si se me ha pasado alguna cosa». Con el numeroso cupo de pacientes que atendía, más los casos que veía que pertenecían a sus compañeras de baja, cada vez iba apuntándose más y más asuntos para revisar, de modo que su jornada laboral se alargaba un par de horas o más. Al descubrir aspectos mejorables, llamaba a los pacientes para «retocar» el tratamiento o directamente los hacía volver para modificarlo. Todo esto le estaba resultando extenuante, cada vez se sentía más cansada y con más dudas. Como consecuencia de ello, estaba perdiendo la confianza en sí misma y se cuestionaba como profesional. «Estoy sufriendo muchísimo. Después de doce años de experiencia, no sé si sirvo para ser médico. Estoy peor que cuando empecé».

El infierno es la excelencia: la vida es un siete

Personalmente, la palabra excelencia me da por el saco. La puedo aceptar cuando hablamos de empresas, de servicios, pero cuando hablamos de personas, de sentimientos, de emociones, la excelencia es una mierda. Como dice la sabiduría popular, «Lo mejor es enemigo de lo bueno». Y en la vida, lo inteligente es saber cuándo plantarse. Como en el casino, nuestra ruleta vital puede darnos ganancias, pero ten por seguro que en algún momento la suerte va a cambiar. Cuando empiezas a perder, hay que saber salvaguardar lo ganado. Saber cuándo estar satisfecho con lo que tienes.

Recuerdo que en una ocasión, cuando tenía trece o catorce años, acompañaba a mi padre sentado en el asiento del copiloto de nuestro flamante Seat 131 Supermirafiori. Mi padre se sentía muy orgulloso con su coche nuevo. Nos detuvimos en un semáforo en rojo y junto a nosotros, en el carril de al lado, se colocó un tipo con un magnífico Alfa Romeo descapotable. Mi viejo y yo admiramos aquel fabuloso coche rojo. Nos miramos y mi padre dijo: «Siempre hay un cabrón con un coche mejor». Recuerdo su mirada de frustración y cómo se esfuma la alegría cuando no estamos satisfechos con lo nuestro o cuando deseamos algo mejor. Si estás buscando siempre dar lo mejor de ti mismo, si aspiras a esa mierda de la excelencia, no hace falta que te diga que estás bien jodido. ¿Sabes por qué? Porque la vida es un siete.

El otro día una chica me hablaba de su novio, se quejaba de algunas cosas, pero me daba la impresión de que ambos resultaban una buena pareja. Disfrutaban el uno del otro, compartían mucho, pero, evidentemente, su chico no era perfecto. De vez en cuando metía un poco la pata, y en algunas situaciones no acababa de ser del todo empático. Le pregunté a ella: «En una escala del uno al diez, siendo diez el novio perfecto y uno, un truño de novio, ¿qué nota le das?». Ella no dudó ni un instante: «Un ocho y medio». «¿Cómo? No lo vayas diciendo por ahí, porque un novio de ocho y medio es la leche, ¡puede que te lo roben!». Ella se rio al darse cuenta de que, en realidad, tenía una muy buena pareja. Respiramos aliviados cuando la chica dijo: «¡Tienes razón, Victor!».

Voy a pedirte que imagines el final de tus días. Piensa en que estás en tu lecho de muerte, rodeado de tus seres queridos. Supón que has tenido una buena vida, que, en general, las cosas no han ido mal del todo y te has sentido querido. Si alguien que te quiere, mirándote con amor, te preguntara qué nota le darías a tu vida, estoy convencido de que, si te dieras un siete, podrías morirte bastante en paz.

Aprender a vivir con un notable

Hace unos días fui a comer con un amigo psicólogo que se dedica al *headhunting*. Es un cazatalentos que tiene una consultora en la que busca a personas capacitadas para puestos concretos en grandes empresas. Mi amigo me decía que una de las cosas que le llevan a descartar a algunas personas es cuando encuentra a alguien que ha tenido matrícula de honor en todo. «Una carrera llena de dieces es la de un obsesivo que no sabe relajarse. Para ser un líder, no quiero a un perfeccionista, quiero a alguien que sepa muy bien elegir las batallas que valen la pena. Si le pregunto por qué obtuvo bajas calificaciones en algo y me responde que hay cosas que no le interesaban, pero que las manejó lo mejor que supo, automáticamente sé que tengo a un personaje eficaz delante de mí».

¿Crees que puedes asumir esa realidad?

Acabar este capítulo sin ofrecerte alguna idea de cómo sobrevivir razonablemente bien sin sacar matrícula de honor todo el rato sería de mala gente, así que ahí te dejo mis sugerencias:

- Estás hecho de un 70 por ciento de agua y un 30 por ciento de *cague*. Acepta que eres un cagado. La pregunta que debes hacerte es: ¿Buscar la perfección me está llevando a vivir más tranquilo o me provoca más ansiedad?

- ¿Eres consciente de que es imposible estar completamente seguro de todo en esta vida? Ser humano conlleva fragilidad y estás expuesto a todo tipo de mierdas: pandemias, tsunamis, enfermedades, cambios del mercado, etc.

- ¿Tienes confianza en que si ocurre algún imprevisto te las vas a saber apañar? Una vida satisfactoria es más una cuestión de confianza que de infalibilidad. Como persona, vas a fallar más que una escopeta de feria, lo que hay que saber es qué hacer cuando se falla.
- Puedes tener celulitis y ser sexi que te cagas.
- Te puede caer una olla de macarrones en la cabeza, la estadística puede jugar a favor o en contra. Hay quien no va a salir de casa para protegerse, otro siempre saldrá a la calle con un casco puesto y un tercero asumirá el riesgo de salir y esperará que el cielo no le caiga encima, como el jefe del poblado galo de Astérix.
- Lo único cierto es que vivir es incierto. Recuerda que el pensamiento naif imperante te hace creer que las cosas, si te lo propones, pueden estar bajo tu control. ¡Cuánto daño hace pensar eso! Aprender que la vida es un siete conlleva aceptar ese 30 por ciento de cosas que están fuera de tu control.

Menos mal que todo lo que te ocurre no está bajo tu control. Menuda existencia aburrida sería una en la que lo tuvieras todo controlado. Piénsalo bien, hay mucha belleza en el caos y mucho éxito en un siete.

11
LA TRILOGÍA DE LA SOBREIMPLICACIÓN

III

LA TRILOGÍA
DE LA SOBREIMPLICACIÓN

> Es más fuerte el martirio donde reside la sensibilidad.
>
> LEONARDO DA VINCI

Estoico *fake*

Tan malo es pasar por la vida sin mojarte como dejarte la piel en todo lo que haces cada día. En estos tiempos, a la hora de enfrentar tus problemas se ha puesto muy de moda un discurso al que yo llamo del *estoico pijo*. Básicamente se trata de no dejar que nada te afecte. Te tiene que sonar, pues está en todas las librerías, lo vas a encontrar con facilidad a través de títulos tipo *Cómo lograr que todo te importe una mierda*, *Nada es tan horroroso* y cosas por el estilo.

Pero no te dejes engañar por este estoicismo *fake*: los verdaderos estoicos se despojaban de todas las comodidades, de sus bienes materiales y de su fortuna. Y qué quieres que te diga, no he visto a ninguno de esos autores siguiendo esos principios, la verdad. Séneca, el filósofo más famoso del estoicismo, se revolvería en su tumba viendo cómo estos estoicos de opereta se ganan la vida utilizando sus ideas a su conveniencia. En realidad, estos autores son unos aficionados a los que les gusta vivir bien. Para lograr que nada te importe, hace falta dominar la técnica de alejarte emocionalmente de las situaciones. Algo como lo que hacen las personas que han sufrido traumas terribles para poder sobrevivir a ellos. Esto recibe el nombre técnico de disociación. Por otro lado, algunas personas, como los psicópatas, vienen disociados de serie y esto conlleva que no les afecte nada. Tú, sin embargo, eres buena gente y lo más normal es que no puedas conseguirlo. Si no eres un asesino en serie, lo más común es que las cosas te importen, que te impliques en tus relaciones y proyectos. Sí, las emociones recorren tus venas sin que puedas remediarlo. La madurez emocional se alcanza cuando eres capaz de saber cuándo y cuánto implicarte en lo que te rodea, en todos los ámbitos de tu vida.

Sobreimplicarse

Como en la vieja historia, en un plato de huevos con beicon, la gallina se implica y el cerdo se *sobreimplica*. La gallina colabora en la confección del plato, pero no se deja la vida en ello; el cerdo, por el contrario, da su vida.

Déjame que te cuente la historia de María y Juan, hermanos e hijos de una familia cualquiera. La mayor, María, tiene doce años y el pequeño, Juan, ocho. Supongamos que María siempre ha sido una niña colaboradora y responsable. Se puede tener una conversación con ella y se muestra razonable. En cambio, Juan es un poco «cabeza loca»; también es buen niño, pero es más despistado y menos maduro. La crianza hoy en día, trabajando los dos miembros de la pareja y con el estrés de lo cotidiano, no es nada sencilla. Los padres con hijos de esa edad suelen estar muy atareados con las tareas de casa, las compras, las extraescolares, las cenas, los baños, etc. Pues bien, desde pequeñita, María siempre ha colaborado con sus papás en casa, ayuda a preparar la cena o a poner la lavadora, mientras que a Juan no le nace aportar su granito de arena. No le pasa nada en especial, simplemente hay que pedirle las cosas tres veces al menos. Cuando las hace, las hace a medias o hay que supervisarle de cerca. A la hora crítica, cuando todo está por hacer y el estrés llama a tu puerta, ¿a quién le pedirías ayuda, a María o a Juan? El 95 por ciento de las personas a las que hago esta pregunta tienen clara su respuesta: a María.

Por lo tanto, María, en este caso, vería recompensada su buena actitud y disposición a colaborar con más trabajo. Si vas de culo, no se te ocurre darle la tarea a Juan, que va a requerir de insistencia y supervisión. En realidad, cederle la responsabilidad a Juan da trabajo a los padres.

¿Te das cuenta de lo injusto de la situación? Si trasladas este ejemplo a una empresa, podríamos considerar que María es una trabajadora eficiente y que Juan no lo es tanto. Si a su jefe le cae un marrón, ¿a quién supones que le dará la responsabilidad de manejarse con eso? ¿A María o a Juan?

No creo que te resulten extraños estos ejemplos, ¿verdad? La lógica que impera en la vida cotidiana no siempre es razonable. María trata de demostrar que es buena y, en lugar de obtener ese reconocimiento, lo que consigue es que le den más tareas para hacer. Cuando uno siente que tiene que estar en todo, acudir siempre a las llamadas y hacerlo todo con gran intensidad para que lo tengan en cuenta, se *sobreimplica*.

Ser bueno

Uno de los mandatos que recibiste con más insistencia en tu infancia fue: «Sé bueno». Parece que este es un punto clave en la educación de las personas. Cuando eres niño relacionar ser bueno con que te quieran más parece natural, pero no es una condición *sine qua non*. Me refiero a que en una familia normal no haría falta que uno se porte bien para que le quieran. Por el contrario, veo a menudo en mi consulta a personas que sintieron que tenían que ser muy buenas para ser queridas. Todo esto está detrás de la sobreimplicación. Es como la gasolina que mantiene el motor en movimiento.

En el caso de nuestra María, aprendió de muy pequeña que sus padres estaban contentos de recibir su ayuda. Su crecimiento como persona la llevó a mantener ese rol de colaboradora eficiente. Es algo que va ocurriendo de forma progresiva. No suelen decirte: «Sé bueno o no te querré».

Aunque es probable que nuestra María haya conectado un hecho con el otro, algo tipo: «Me quieren porque colaboro» o «Me quieren porque soy buena y responsable». Es un asunto sutil, en el que a través de las interpretaciones que vas haciendo del entorno vas regulando tu posición dentro de tu familia. María es la «buena» y la «responsable», y Juan «el despistado». No tiene que haber mala fe por parte de nadie, sencillamente ocurre.

Esta idea de «ser bueno» o de «implicarse mucho para ser amado» es una creencia que podría acompañarte durante toda la vida. La persona ha absorbido esa idea desde siempre, puede pensar que todo requiere un enorme esfuerzo por su parte y que debe estar disponible. Aunque en muchas ocasiones actúa de forma inconsciente. Esos valores, el del esfuerzo y la implicación para ser queridos, están ahí, adheridos a tu estructura emocional, más allá de lo que quieras pensar.

No eres idiota

Si te has ido identificando con nuestra ejemplar María, si eres de los que te dejas la piel en todo lo que haces, debes tener en cuenta que no eres idiota: eres el resultado de todos los aprendizajes y de todas las historias que te han contado y que has ido aceptando. Si de repente quisieras dejar de sobreimplicarte, de estar preocupado por todo lo que tienes que hacer para sentirte reconocido, te sentirías muy culpable.

Hace un tiempo visité a una mujer de unos cuarenta años. Se sentía muy mal porque a raíz de una discusión había dejado de tener contacto con sus padres. Su madre, una mujer de una buena posición social, tenía un trastorno mental, y ambas se enzarzaban en discusiones que solían acabar con mi paciente muy hecha polvo. En la última de las discusiones, el asunto se puso tan feo que su padre, defendiendo a la madre, la agredió físicamente. Como consecuencia de ello, mi paciente había decidido no verlos más. «Me machacan y me siento como una niña pequeña. A pesar de haber decidido no verlos para proteger mi salud mental, me siento muy mala hija. Y también muy idiota por sentirme culpable por protegerme». Al principio, nuestras sesiones estuvieron orientadas a que entendiera que era normal sentirse culpable si dejaba de esforzarse en ser querida. «No eres idiota, solo eres una niña que quiere ser querida por su madre», le dije.

En los últimos años, me he dedicado a hacer algunas formaciones para ayudar a las personas que sufren por la sobreimplicación. He podido clasificarlas en cuatro categorías: Policías y ladrones, Guerreros heridos, Cenicientos y Bellas Durmientes.

Policías y ladrones

Cuando en una relación sucede algo que provoca que uno pierda la confianza en otro, suele darse esta tipología de sobreimplicados. Imagina que alguien descubre que su pareja está bebiendo o consumiendo alguna sustancia. Probablemente ese descubrimiento cause un gran disgusto y se abra una crisis en la relación. Podría suceder también al descubrir una infidelidad. Cuando ocurre algo así, el aparentemente «engañado» podría activar algún tipo de vigilancia orientada a impedir que el otro beba o consuma, o bien a controlar que no sea infiel. Lo más común es que empiece una especie de «acoso policial» más o menos sutil en el que el «sorprendido» se esfuerce en demostrar su inocencia. Empieza un patrón de acusaciones por parte de uno y de defensas por parte del otro que provoca un notable malestar en la relación. Aquel que sintió traicionada su confianza se ve con el derecho de ejercer un cierto control y el *sobreimplicado* suele poner toda la carne en el asador en su autodefensa. Cuando la relación está dañada, o es un poco insana, ningún esfuerzo será suficiente para demostrar de manera eficaz la inocencia. Como suele suceder cuando estamos metidos en un problema diabólico, cuanto más te esfuerzas en demostrar que eres digno de confianza, más se permite sospechar y acrecienta su control policial el otro.

Tengo un amigo que desde hace unos meses tiene una relación de pareja. Mi amigo tiene un hijo fruto de una antigua relación. A pesar de que sufrió una dolorosa ruptura con la madre de su hijo, como este es muy pequeño se ha esforzado mucho en mantener una relación cordial con la madre. Su nueva pareja se siente algo celosa frente a ese escenario y, de vez en cuando, lo acusa de seguir enamorado de la madre del chiquillo. Cada vez que eso sucede, se enzarzan en discusiones en las que él intenta explicarle que no tiene nada que temer de esa relación. Sin embargo, en alguna ocasión él ha hablado con la madre de su hijo sin decírselo a su pareja. Esta lo ha pillado en alguna de estas mentiras, de modo que se ha alimentado la desconfianza que siente. «Si no me lo dices es porque me ocultas algo», y él se defiende diciendo «No te lo cuento para que no te enfades». Cuando lo hemos hablado, ¿sabes qué me ha dicho? «Lo único que quiero es que se dé cuenta de que soy buen padre y que por eso soy bueno con mi ex. También me esfuerzo mucho con ella para que esté contenta, pero si se enfada tanto, tendré que esforzarme más».

¿Te suena esta canción?

El Guerrero herido

Otra de las tipologías de la sobreimplicación es la del Guerrero herido. Esta se da cuando alguien se lamenta por no haber recibido por parte de su entorno más que decepciones. Visité a un hombre que se había esforzado mucho en salvar la empresa familiar de construcción que había levantado su padre. Con la crisis del 2009, la empresa se hundió y él se enfrentó a la desagradable tarea de cerrar el negocio, despedir a los trabajadores, que llevaban años trabajando para su familia, y encarar juicios y demandas por impagos. Durante más de diez años, la vida fue un infierno para este hombre que salvó el patrimonio de sus padres. Cuando logró solucionar todos los asuntos pendientes, su padre, ya anciano, le dijo que habían perdido la empresa por su culpa y que había sido un irresponsable. Cuando lo conocí, estaba muy deprimido, llevaba años con un terrible insomnio y aguantando las oleadas de ansiedad que lo visitaban a menudo. «Mi padre es mala gente», me dijo llorando. «Después de todo lo que he hecho por ellos, perdiéndome estos diez años de mi vida, lo único que obtengo es su desafecto. Si sigue diciendo esas cosas de mí, con toda la información que tengo de él, lo llevaré a juicio». Este hombre se había esforzado profundamente por su familia y cada día trataba de convencer a su padre de que había hecho lo correcto. El padre, despectivo, lo maltrataba delante de sus amistades o de su familia.

Llevarlo a juicio para reparar la injusticia es cómo reacciona un Guerrero herido al que aún le quedan algunas fuerzas. Otros de mis pacientes, por el contrario, acababan enfermos de ansiedad y tristeza, tras ver que sus esfuerzos no solo no son reconocidos, sino que son minusvalorados.

Cenicientos

Marga llevaba toda la vida intentando complacer a su madre. La señora se había quedado viuda muy joven, cuando Marga tenía tan solo tres años. Esta siempre había sentido que tenía que hacer equipo con su madre, puesto que ella le había contado todos los esfuerzos que había hecho para salir adelante con una hija pequeña. Marga había renunciado a crear su propia familia, y a sus cuarenta y siete años se esforzaba en cuidar de su madre, ya anciana. En nuestras sesiones, me contaba cómo se ocupaba de todo en casa y de cómo su madre le exigía cada vez más. Constantemente le reprochaba su falta de cuidados y le decía que era mala hija. «Me duele pensar esto, pero a veces solo deseo que mi madre se muera para poder hacer algo de mi vida», me decía. «¿Nunca está contenta?», le pregunté. «Nunca», me contestó ella con rotundidad. Como una verdadera Cenicienta, Marga estaba tremendamente sobreimplicada en el cuidado de su madre, que, sin ser una persona dependiente, había conseguido que su hija no tuviera vida personal. Marga se sentía culpable de pensar que ojalá pudiera librarse del yugo que su progenitora ejercía porque se muriera, no porque ella le pusiera algún límite. Probablemente, la culpa por poner límite a su madre era mayor que la de desear que la señora se fuera de este mundo de manera natural. Los Cenicientos son los que se esfuerzan en satisfacer a algún familiar tirano, y cuanta más tiranía reciben por parte del otro, más se esfuerzan en contentarlo.

Bellas Durmientes

De entre las personas que se sobreimplican, las que más me hacen sufrir, si eso es posible, son las que llamo «Bellas Durmientes». Y es que no pasa un día en el que no reciba a alguna mujer atractiva, sensible e inteligente quejándose acerca de algún «amante» de su vida. También les pasa a los chicos, ojo, pero lo veo en menor medida. Suele tratarse de personas resueltas, independientes en apariencia; algunas están solteras y otras, casadas, divorciadas, etc. Este tipo de terapias no son sencillas, las personas que se sobreimplican en el amor padecen muchísimo ante el temor de que nadie las quiera,

Quiero ser consecuente, y cuando hablamos de enamoramiento soy consciente de que nadie se libra de hacer un poco el idiota. Pero cuando hablo de Bellas o Bellos Durmientes no hablo solo del amor. Hablo del amor no correspondido en la misma medida. Hablo del dolor del que ama y no recibe más que migajas.

Una Bella Durmiente es una persona que, siendo válida, independiente económicamente y atractiva, se lía con un personaje que no se compromete. Se acaba complicando con un jeta que, ocupado mirándose el ombligo, siembra de amarguras el camino de la relación.

Si estás sobreimplicado en el amor, sientes que te vas cabreando con el paso del tiempo. Solo das y nunca acabas de recibir. Eso te hace sentir cada vez más idiota. Sin embargo, lo más común es que no puedas enfadarte porque el caradura de turno ya se espabiló en comunicar que la cosa no va en serio, que la relación está abierta o que ahora no está para compromisos. Así pues, tus esfuerzos no solo no se ven recompensados, sino que, además, si te quejas, eres una histérica.

Un conocido mío, un divorciado cincuentón, suele

salir con mujeres a las que conoce a través de las redes sociales o de alguna aplicación de contactos. Las corteja y las lleva a conocer a su familia; no es raro que en Navidad vaya acompañado de una mujer diferente. No tiene la menor conciencia de que hace sentir a sus parejas temporales como alguien especial. Las relaciones suelen romperse cuando ellas le piden que se posicione y él asegura no entenderlas. «Yo siempre les he dicho que no hay compromiso», suele decir. Se extraña porque ellas quieren más, cuando él ha dejado claro verbalmente que no quiere ir más allá. Actualmente, se hace acompañar por una mujer a la que desprecia, pero de la que se aprovecha, pues la tiene trabajando como secretaria pagándole una miseria, teniendo en cuenta que ella está prejubilada y ya tiene una paga. Por casualidades de la vida, conozco a la psicóloga que lleva a esta mujer, y en un contexto de supervisión me contó que no entendía como una persona así podía estar tan colgada por ese tirano de opereta.

Para la Bella Durmiente, ese príncipe azul nunca llega. Es como el horizonte, cuanto más te aproximas a él, más se escabulle. Vuelve a aparecer aquí ese deseo íntimo de ser la «buena», la persona por la que el otro cambiará. La necesidad de ser esa persona «especial» y que el caradura de nuestra historia te acabe eligiendo gracias a tus esfuerzos. Ya te avanzo que eso no suele ocurrir.

¡Deja de esforzarte, tarado!

Igual que el hecho de portarte bien no te garantiza ser una buena persona, portarte «mal» no debería convertirte en un diablo. Si te has visto reflejado en alguna de las situaciones anteriores, tengo buenas noticias. De la sobreimplicación se sale, pero, igual que sucede cuando sales de las drogas, al principio vas a pasar algunos ratos complicados. No resulta nada fácil orientar a alguien que ha caído en las redes de la sobreimplicación, pero para que este capítulo sea de ayuda es conveniente que tomes nota de los puntos siguientes:

- Los estoicos desaparecieron hace cientos de años, lo que lees por ahí suele estar escrito por gente pijilla que no tiene demasiados problemas. El primer punto para dejar de sobreimplicarte es darte cuenta de que estás dando más de lo razonable. Si piensas que el otro cambiará o que, por fin, te van a reconocer el esfuerzo, tu caso es muy grave y necesitas seguir leyendo.

- No eres idiota, te esfuerzas porque crees que si dejas de hacerlo no te van a querer. La pregunta es, ¿te estás sintiendo ahora querido o reconocido? Si la respuesta es que no, tal vez deberías empezar a pensar que hacer muchas cosas para que te quieran no es un buen camino. Si te quieren, te quieren sin que te esfuerces como un loco, y si te tienes que esforzar tanto, igual es que no te quieren demasiado.

- Si siendo tan bueno o tan buena las cosas te están yendo de pena, es el momento de que saques a tu malo a pasear. Empezar a hacer pequeñas cosas para ti, aun sintiéndote culpable, es el mejor de los inicios. Al final nos acostumbramos a todo, y la culpa se puede sobrellevar. Si te sientes muy culpable por no implicarte a lo bestia, puedes donar quince euros a alguna ONG para paliar esa sensación. Parece una chorrada, pero funciona.

- Si te sientes acusado por alguien y detectas que te estás defendiendo sin éxito, igual te resulta más eficaz dejar de hacerlo. Si te acusan de arreglarte porque quieres parecer más atractiva en el trabajo, igual puedes ser mala contestando: «Sí, me encanta que me vean atractiva, y si me miran el culo, mejor».

- Si eres un Guerrero o Guerrera herido, debes darte cuenta de que a tu familia le mola darte caña. Y cuanto más molesto te ven, más ganas de machacarte tienen. Fingir que estás un poco deprimido y dejar de esforzarte puede hacer que dejen de tratarte así. Recuerda que los ataques de los demás se alimentan de tu defensa y compromiso como un fuego se alimenta con el viento. Decirle a tu padre: «Sí, hundí la empresa, no lo volveré a hacer» acaba con toda la argumentación. O soltarle al jefe: «Gracias por tus comentarios, porque me estimulan a mejorar como profesional» garantiza que cambie su percepción sobre ti. Ya no te quedas enganchado al asunto y el acosador pierde el interés. Suelo contar a mis pacientes que algunos acosadores laborales son como los perros en un asado al aire libre. Cuando un perro te trae una pelota, ¿qué haces? Si la tiras lejos, el perro piensa «¡Este juega!» y cuando recupera la pelotita te la vuelve a traer. No se la lleva a otro, te la trae a ti, porque sabe que tú «juegas». El primer paso con el perro si fuese un acosador sería aprender a observar la pelota sin cogerla. Y, por supuesto, sin lanzarla. Si aguantas un buen rato, ¿qué piensas que hará el animal? Lo has adivinado: se buscará a otro para jugar.

- Si eres de los Cenicientos, voy a ser tu hada madrina. Recuerda que ofreces tus esfuerzos para obtener muestras de amor o reconocimiento. Si después de más de treinta años nunca has sentido nada parecido, ¿qué te hace pensar que sucederá ahora? Decía Goethe que la locura es hacer siempre lo mismo y esperar un resultado diferente. No me seas loco. Esa gente no va a cambiar. Te quieren lo que te quieren y nunca sabrás cuánto porque no estás en su cabeza ni en su corazón. Todos hemos visto hijos que, aun siendo verdaderos gilipollas, han sido queridos por su familia. Mi consejo de hada es que no te flipes, piensa en qué vas a poner la energía que ahorres cuando dejes de estar tan sobreimplicado en esa relación. Primero debes tener ese plan; una vez que lo tengas, empieza a soltar lastre muy poco a poco.
- Si eres Bella o Bello Durmiente, te va a tocar trabajar. La primera de las cosas que debes reconocer es

que te gusta un gilipollas. No trates de justificarlo en tu mente, pero mientras tú haces como el cerdo con el beicon, esa persona solo pone un huevo sin fecundar. Sé consciente de que te estás dejando la piel. No le pongas más parches al asunto. Después tendrás que decidir si quieres seguir así. En caso afirmativo, eres libre de hacerlo. Darte cuenta de que amas a esa persona incondicionalmente es liberador si dejas de esperar nada a cambio. Ser Bella Durmiente a sabiendas es inteligente si la otra persona vale la pena. La otra opción es descubrir qué tiene esa persona que te tiene tan ligado. Puede ser el sexo, puede ser la admiración, etc., seguro que hay algo que te ha pillado, porque recuerda que no eres idiota.

- Cuando estás en una situación así, lo mejor es llevarlo medio en secreto. Si lo vas contando, la gente tiende a juzgarte y a opinar sin tener ni idea de lo que está pasando realmente. Es mejor ser consciente de ello y llevarlo en secreto hasta que resuelvas si puedes perder *eso* que esta persona te da. Debes estar dispuesto a renunciar a algo gordo. Es como cortarte un brazo infectado por una picadura de serpiente: vas a intentar salvar ese brazo por todos los medios hasta que veas que tu vida esté en peligro de verdad. Solo tú sabes lo que ha significado esta persona para ti y lo que te ha proporcionado. Despedir a alguien así no es fácil, no lo mandes a la mierda hasta que tengas claro que ese veneno es mortal.

12

¿COMPAÑEROS O AMIGOS?

> Hay puñales en las sonrisas de los hombres.
>
> WILLIAM SHAKESPEARE

¿Chief happiness officer?

Fliparías con la cantidad de diagnósticos de depresión que se ocultan tras un camino pavimentado de decepciones relacionales en el trabajo. Esto sucede porque tratamos de llevarnos bien con las personas que trabajan con nosotros y nos esforzamos en echar aceite al engranaje de las relaciones porque para nosotros es importante sentirnos bien acompañados. El trabajo es un espacio en el que se mezclan proyectos, alegrías y sinsabores, un lugar en el que vas a pasar más horas que en casa.

No te digo nada nuevo si te advierto de que no siempre es fácil llevarse bien con la gente con la que vas a trabajar. Estarás de acuerdo conmigo en que se pasa mucho tiempo en el tajo y no todo el mundo logra conseguir un buen *flow* en ese lugar. Si lo tienes, no sabes lo afortunado que eres, porque cada día recibo a alguna persona en mi consulta contándome cómo le ha decepcionado algún compañero; el trepa, la sabionda, el jefe, todos acechan para asestar su puñalada trapera. Cuidado si eres un alma cándida y no mides bien el lugar en el que estás, porque vas a pasarlo mal.

En un mundo donde impera el pensamiento naif, ¿qué crees que ha sucedido en el ámbito empresarial? Lo están intentando convertir en *Friends.* Creer que tenemos que ser felices y llevarnos superbién con todos mientras trabajamos es otra de las perversiones de la dictadura del pensamiento dominante. Tanto es así que hasta se ha creado la figura del *Chief Happines Officer*, un pobre infeliz cuyo trabajo consiste en pretender que sus compañeros están siempre contentos. Parece que el objetivo de esos desdichados es que tengas orgasmos de felicidad en el curro, a pesar de las dificultades, de las malas caras, del desinterés y, en no pocas ocasiones, del acoso.

Una amiga me comentó que en Google se habían esforzado en hacer de ese lugar un centro guay para trabajar. A las mujeres les habían propuesto regalarles el coste de la congelación de óvulos. A simple vista parece una propuesta genial, pero esconde la idea perversa de «céntrate en trabajar, no te preocupes por crear una familia, que ya nos ocupamos por ti». Ese rollo de tener sala de juegos, comida gratis y zonas de siesta al final logra sacarte de tu grupo de relaciones para que estés allí el máximo número de horas. La gente va a pasar allí el fin de semana porque solo se relaciona con la *Google Family.* Parece el guion de una serie distópica de televisión.

Cuando hay mal rollo en una empresa, lo lógico es tratar de mejorar el vínculo entre los trabajadores. Hoy en día, una de las opciones más habituales para lograrlo es haciendo algún tipo de actividad *japiflauer* orientada a que la gente esté más contenta.

La expectativa y el bulevar de la decepción

> La vida te da sorpresas, sorpresas te da la vida, ¡ay, Dios!
>
> RUBEN BLADES Y WILLIE COLÓN

Si eres de los que piensa que el trabajo es un lugar para hacer amigos, puede pasar que te lleves una decepción. ¿Sabes lo que es el *Ubuntu?* Es una palabra que viene del zulú y que forma parte del espíritu tribal sudafricano. Es el disparate de moda: se trata de intentar aplicar a las organizaciones y a las empresas un modo de vida enfocado en el respeto, la lealtad y el cuidado de los otros. A la esperanza de poder alcanzar ese *Ubuntu,* o que el trabajo sea un lugar apacible, la llamo expectativa. Déjame que te asuste un poco: la diferencia entre lo que te gustaría que pasara en tus relaciones con los demás en el curro y lo que tienes en realidad es la primera causa de ansiedad y depresión por causas laborales.

A mayor expectativa, mayor posibilidad de decepción, y no te digo nada cuando hablamos de relaciones entre personas. Esa idea delirante de que debes estar superbién en el trabajo es igual de dañina que la te hace creer que debes verlo todo en positivo o que la vida tiene que ser maravillosa *todo el rato*. Una de las ideas más locas con las que me he topado a lo largo de estos años es la de *hacer equipo*. Me parece que la gente no ha entendido nada cuando usa esa metáfora.

Lo que define a un equipo son los objetivos en común. Nadie ha dicho que nos tenemos que cuidar, ni protegernos unos a otros. Al hablar de equipo, es fácil tergiversar la idea pensando que un equipo es algo más allá que unas personas tratando de conseguir algo. En un equipo deportivo de máximo rendimiento, por ejemplo, no es extraño que la gente acabe exhausta o rota por la exigencia. La prioridad está en los resultados. Por otro lado, en un simple grupo, el éxito es definido por la consecución de la supervivencia y el bienestar de todos. Son cosas diferentes. Cuando empiezas en un trabajo, no te adoptan. No entras a formar parte de una familia, ni nadie te tiene que querer de entrada. Un grupo de gente que trabaja en un mismo lugar no tiene por qué ser un equipo, ni una familia, no te dejes engañar. ¿Te das cuenta de la importancia de las metáforas? Pueden dar lugar a malos entendidos que faciliten que tengas expectativas que, al no cumplirse, conviertan tu vida laboral en un calvario.

Imagina un equipo de fútbol de primera división. Su objetivo es ganar el título de Liga, de modo que se selecciona a las personas consideradas adecuadas para lograrlo. ¿Hace falta que los integrantes del equipo se quieran? ¿Deben caerse bien? En absoluto, lo único que tienen que hacer, en términos de relación, es tener claro a qué juega cada uno y desarrollar un mínimo reconocimiento y respeto hacia la aportación del otro. La directiva del equipo y el equipo técnico deben trabajar desarrollando y comunicando de manera excelente las estrategias para lograr los objetivos prefijados. En un equipo, no hay que ser astrofísico para ver que los trabajadores son elegidos por sus capacidades. Como en un equipo de alto nivel, si no das lo que se te pide, vas al banquillo. A la empresa probablemente le importe un comino tu estado emocional, ni siquiera sabe cuál es la película que tienes en tu cabeza sobre el trabajo. Esa diferencia entre la película que te has montado y lo que ocurre en la realidad puede hacerte sentir como si estuvieras tomando veneno.

Mark Twain decía que se había pasado la vida preocupado por cosas que nunca ocurrieron. Sobre esa idea se ha edificado el pensamiento de que no debes preocuparte demasiado porque la mayoría de las cosas malas no suelen ocurrir. Te voy a decir lo contrario. A mí me han pasado cosas por las que nunca me preocupé. No sé qué es peor. Las hostias inesperadas duelen más por inesperadas que por hostias. Pensar punk, en esta situación, es aprender a proteger tu culo. No se trata de que seas un psicópata que solo se preocupa por sí mismo, pero ha llegado el momento de que aprendas algunas estrategias para no dejarte arrastrar por las tormentas que, puedes estar seguro, van a venir.

Si piensas que las personas que trabajan contigo son tu otra «familia», en la que todos hacemos *Ubuntu*, lo normal es que te decepciones. La gente en la que quieres confiar no siempre va a estar a la altura. Si necesitas el trabajo, y tu familia depende de ello, no puedes mandarlo todo a la mierda. Y si la situación se alarga en el tiempo, te sentirás en un callejón sin salida.

Cuando eso sucede y no lo tenías previsto, la hostia duele.

Tripalium

Cuando era un crío me preguntaba para qué me serviría el latín. Pues toma, voy a ser un pedante porque le he encontrado la gracia. ¿Sabes de dónde viene la palabra «trabajo»? Viene del latín *tripalium*. Un método de tortura de la época de los romanos. Es un artefacto compuesto por tres palos, dos en forma de equis y otro que las cruzaba de arriba abajo. Clavado en el suelo, se ataba al desdichado que iba a ser ajusticiado. Después de darle una paliza con palos y látigos, se le prendía fuego. El verbo *tripaliare* fue derivando hasta nuestro actual «trabajar». El trabajo siempre ha sido un suplicio para la especie humana, un padecimiento por el cual se nos paga un salario. ¿Te das cuenta de la diferencia entre aquello que nos venden y lo que la historia nos demuestra? ¿Entiendes ahora la mala leche que hay que tener para hacer creer a la gente que, si tienes buena actitud con el «equipo», el trabajo te hará crecer? Me recuerda a esa frase con la que recibían a los prisioneros en los campos de concentración nazis en la Segunda Guerra Mundial: *Arbeit macht frei*. «El trabajo os hace libres».

Para mí, los equipos están formados por los elegidos para remar en galeras. Bastante duro es remar a la intemperie, pero, si además cargas con la traición de algunos, va a ser insostenible.

Clasifica y vencerás

Hablando de romanos, el emperador Julio César solía decir esa frase: *Divide et vinces*. Si crees que las personas que trabajan contigo son tus amigos, puedes acabar bajo tierra. Voy a corregir al augusto emperador. En lugar de decir «divide y vencerás», prefiero ayudarte a «clasificar y vencer».

Clasificar a la gente en ese contexto te ayudará a poder poner con cada uno la energía que toca. Pretender tratar a todo el mundo por igual es, a veces, un error que se paga caro. No me gustan mucho las clasificaciones, pero en aras de la supervivencia de mis pacientes suelo hablarles de que está bien saber ubicar a cada persona en el lugar que le corresponde. En el trabajo distingo a tres tipos, y que sobrevivas adecuadamente en el curro puede depender de que sepas distinguirlos: los Amigos, los Compañeros y los Colaboradores.

Amigos

¿A quién llamarías en medio de una noche de tormenta para esconder un cadáver? Si aparecen muchas caras en tu pantalla mental, realmente tienes mucha suerte. La palabra amigo viene del latín *amare,* que significa amar. Por tanto, los amigos son aquellos a los que amamos. Amarlos es aceptarlos tal como son, de forma casi incondicional, como ellos hacen contigo.

Mi amigo Miguel, que vive en Palma de Mallorca, a un océano de distancia de mí, suele decir que a un amigo lo recibes en casa sin necesidad de recogerla. «Recojo mi casa cuando viene alguien con quien no tengo suficiente confianza». No te hagas una idea equivocada, Miguel y su familia no viven en una leonera, al contrario. Lo significativo del mensaje es: «Si eres mi amigo, comprenderás mi situación», tiene algo de aceptación incondicional. La lista de amigos se reduce, ¿verdad?

El amigo es esa persona que se ha ganado su lugar, que está en las duras y en la maduras. Incluso tras muchos años sin verlo, recuperar su presencia altera la dimensión espacio-tiempo. Es como si lo hubieras visto ayer.

Hace tres años, gracias a una red social, retomé el contacto con un amigo de la infancia. Habían pasado cuarenta años desde la última vez que nos vimos. Recordamos el día en que nos conocimos. Curiosamente, durante todo ese tiempo en el que perdimos el contacto habíamos hecho muchas cosas parecidas. Te parecerá una tontería, pero descubrimos que ambos teníamos el mismo reloj y una moto de la misma marca. La sensación de estar como en casa surgió de manera natural y, a pesar de los años, nuestra relación se ha reanudado como si nunca nos hubiésemos perdido la pista.

¿Cuántos de estos amigos tendremos en nuestro trabajo? No descarto del todo esa posibilidad, pero llegar a ese nivel de intimidad requiere de muchas historias en común y de muchas ocasiones para demostrar la incondicionalidad.

Compañeros

La palabra compañero también se deriva del latín: procede de *comedere* (comer) y de *panis* (pan). Significa «Los que comen del mismo pan». La intensidad de la relación entre compañeros es muy grande, de ahí que solamos confundirlos con los amigos con demasiada facilidad.

En mi infancia, formamos una pandilla junto a los chavales de mi calle y de vez en cuando nos veíamos involucrados en peleas con pandillas rivales. La sensación de hermandad era muy grande. En aquellas reyertas, tu integridad física dependía de que tus compañeros estuvieran a la altura. Cuando íbamos a pelear, sabíamos que nuestra pandilla iba a estar ahí. Sin fisuras.

En el trabajo, un compañero podría ir a la huelga porque van a despedirte o daría la cara por ti en un conflicto laboral. En una ocasión, cuando trabajaba de portero de discoteca, vino el dueño de la empresa a despedirme por no haber dejado entrar a un amigo suyo que venía borracho. Lo había hecho de muy buenas maneras y lo dejé fuera tratando de proteger el negocio. Mi jefe me gritó y me puso en evidencia delante de todo el mundo. Cuando mis compañeros vieron que era despedido de esa forma, abandonaron su puesto de trabajo. A los quince minutos, el jefe nos pidió con amabilidad que volviéramos al trabajo, no sin antes aceptar mi reincorporación a petición de mis compañeros. Tal vez te parezca un ejemplo banal, pero para mí muestra muy bien lo que quiero decir con que la relación entre compañeros puede ser tan intensa que suele confundirse con la amistad.

¿Qué diferencia la amistad del compañerismo? El tiempo y la aceptación incondicional. Por un lado, el compañero está ahí para darte apoyo, para arrimar su hombro al tuyo mientras trabajáis juntos, pero no tiene por qué aceptarte tal y como eres. Por el otro, el paso del tiempo diluye la relación entre compañeros. Podría pasar que, tras tres años sin coincidir con un compañero, vuelvas a verlo y pienses que no tienes nada en común con esa persona salvo los recuerdos de cuando recorristeis juntos un trecho del camino. Podría ocurrir que incluso te preguntes: «¿Cómo pude ser amigo de este tipo?».

Colaboradores

Co-labora significa en latín «trabaja conmigo». Por mi experiencia, esta es la categoría que genera mayores equívocos. Casi todos hemos confundido al colaborador con el compañero o, aún peor, con el amigo. Trabajas con alguien, pasas tiempo con esa persona, a veces incluso tomas una cerveza y le cuentas alguna intimidad. La comunicación fluye bien y te sientes a gusto con alguien del trabajo. Con el paso del tiempo, sin embargo, desafina en alguna nota. Igual te fijas en que no cuenta tantas cosas como tú, o que va más a la suya. El colaborador no tiene por qué ser una mala persona, cuidado. Simplemente, cuando la ocasión le es propicia se beneficia de ella. Puede que elija sus vacaciones en una fecha por la que tú habías expresado un interés especial. O quizá tienes hijos y le comentaste que te vendría genial un determinado horario. Y él, que no tiene ese tipo de responsabilidades, se postula en ese horario y te deja fuera. ¿Te suena esta canción? La desolación está repleta de frases del tipo: «Creí que era mi amigo y mira qué me ha hecho» o «Pensaba que éramos compañeras y se ha aprovechado de mí».

A pesar de que soy bastante *hater*, en estas ocasiones suelo ser muy prudente. El colaborador no te debe nada. Vela por su interés, como un mafioso: «Lo siento, pero no es nada personal». Supongo que, llegados a este punto, te has dado cuenta de que habría venido bien saber dónde ubicar a cada persona para poder minimizar los riesgos.

Tips para mantener el culo a salvo

El mítico activista afroamericano Malcolm X decía que sin educación no ibas a ninguna parte en este mundo. Estoy de acuerdo. Hay que ser cordial y educado para llegar lejos y evitar más problemas de los que la vida nos va a poner por delante. A tu alrededor, en el trabajo, hay personas de todos los tipos. No sabes nada de sus vidas, de sus necesidades.

Cuando era un crío, tenía un vecino adicto a la heroína que solía robarme. Cuando le recordaba que yo era el del tercero, me decía: «Cuando trabajo, no tengo amigos».

Si trabajas en una empresa con muchos empleados, hay gente a la que solo vas a ver en el ascensor, pero te conviene tener recursos para no perder tu salud mental en las distancias cortas:

- Descarta, de entrada, la existencia de unicornios rosas. Recuerda que trabajo viene de *tripalium*. No tienes por qué querer a la gente, ni tienen por qué quererte a ti. Se trata de hacer cosas juntos, no de ser amigos del alma.
- Puedes encontrar grandes amigos en el curro, pero deben ganarse la plaza. No es fácil. Ve con cuidado si eres de esas personas que se «enamoran» enseguida de alguien, pero luego se acaban decepcionando.
- Si sientes que las relaciones en el trabajo te están afectando, el primer paso es sentarte contigo mismo

y pensar en qué categoría puedes ubicar a cada una de las personas a tu alrededor.

- Detecta a quién has puesto en la casilla de los amigos y debes sacar inmediatamente de ahí. Tienes todo el derecho a rectificar y recolocar a la gente si es necesario. Con el paso del tiempo, lo natural es que personas que estaban como colaboradores pasen a la categoría de compañeros y viceversa.

- Piensa que hemos dicho que ser compañero tampoco es una tontería. A estas alturas, no estamos para confiar en el primero que pasa.

- Una vez que hayas clasificado a las personas vas a sentirte aliviado. No se trata de algo inamovible, pero para empezar es deseable tener a la peña ordenadita.

- Si el trabajo lo es todo para ti y no tienes relaciones fuera de él, puede que estés cometiendo un gran error. Hay vida fuera de tu empresa, y reservar energía para cuidar de ti y de los tuyos es una postura de lo más inteligente.

- Si hasta ahora te has tomado las dificultades como algo personal, no tengas tanto ego. Quizá no eres tan importante para el otro como pensabas. Suele ser bastante natural que la gente trate de buscar su propio beneficio, aunque a veces eso te perjudique. Verte dañado es una consecuencia de lo que el otro hace, pero tal vez no es su intención. Recuerda que, en el trabajo, lo primero para cada uno es tratar proteger su culo, no tienes por qué tomártelo como algo personal.

13

LO NORMAL ES FRACASAR

El fracaso

> El éxito de un minuto es resultado del fraca-
> so de años.
>
> ROBERT BROWNING

> La fórmula naif del éxito en la vida suele ser
> así:
>
> Deseo muy fuerte + esfuerzo = Éxito.

Dale las vueltas que quieras, pero esta fórmula es mentira.
Ni todos los que logran satisfacer sus deseos lo hacen a
través del esfuerzo, ni siempre el hecho de desear algo te
ayuda a conseguirlo. Ya sé que sería genial que funciona-
ra: deseas algo, te pones a ello con todas tus fuerzas y ¡zas!
Pero esa combinación sale bien muy pocas veces. Hay que

añadirle más ingredientes a la receta, porque, si no lo haces, vas a fallar más que una escopeta de feria.

Me da igual cómo definas el éxito, yo estoy aquí para hablarte del fracaso. Todo aquello que suponga no conseguir algo que quieres puede ser vivido como tal. Los curas de mi colegio solían decir que «contra el vicio de pedir, existe la virtud de no dar». Eso significa que tienes todo el derecho del mundo a pedir, pero el universo hará lo que le dé la gana.

La palabra fracaso viene del italiano *fracassare* y significa romperse. Y es que algo se hace añicos en nuestro interior cuando no nos atrevemos a hacer aquello que deseamos, cuando las circunstancias de nuestro alrededor nos llevan a abandonar un proyecto o cuando hacemos todo lo posible en una empresa y, aun así, no salen las cosas como queremos.

Conseguir lo que quieres va a requerir que le sumes a la dichosa formulita tener un contexto favorable y un montón de suerte. Eso como mínimo.

El otro día, una nutricionista a la que atendí me contaba que hacía unos meses que había dado a luz. Estaba preocupada porque no acababa de recuperar su figura y me decía que le costaba reconocerse al mirarse al espejo. Seguía una alimentación saludable y se estaba machacando a hacer ejercicio. Aun así, no acababa de verse bien. «Soy una fracasada, una profesional como yo debería tener a estas alturas el vientre plano. ¿Qué pensarán de mí las personas que me siguen en Instagram y mis pacientes?».

Mientras hablábamos, me mostró unas fotos de su

móvil donde aparecía una famosa actriz luciendo abdominales poco después de haber dado a luz. «A ver, alma de cántaro —pensé—, si ves a una estrella de Hollywood hacerse una foto con el vientre plano a los tres meses de parir unos mellizos, deberías preguntarte cómo lo ha conseguido». ¿Cuál es el contexto en el que está inmersa? Si yo tuviera un cocinero saludable, una entrenadora personal, una cuenta bancaria forrada de pasta y alguien que me ayude con los críos, seguro que también tendría el vientre plano. Pero mi paciente estaba frustrada pensando que no estar como esa mujer de las fotos era un fracaso.

La frustración

El fracaso es una autopista hacia la frustración y, cuando golpea fuerte, desemboca en dos posibles destinos, a cual más jodido: la rabia o la tristeza. Tras una desilusión, sentirlas es lo normal, aunque solemos rechazar estas emociones al considerarlas negativas.

Sentir rabia al fracasar es una manera de mostrar la frustración por no haber logrado lo que quieres. No es malo que aparezca; de hecho, cierta cantidad de rabia es funcional porque hace que aprietes los dientes y refuerces tu intención de conseguir algo. Sin embargo, suele pasar que la intentes ignorar, y hacer eso no suele ser útil porque acabas desbordado. La aguantas, pero al final, cuando nadie se lo espera, estallas y la acabas liando. Aun así, algunas personas son incapaces de exteriorizarla. Si eres una de ellas, acabas explotando para adentro. Si implosionas, sentirás síntomas físicos de ansiedad: taquicardias, vértigo o, peor todavía, miedo a perder el control y convertirte en un majara.

La otra manera de metabolizar la frustración es sentirte decepcionado de ti mismo, de la gente o del mundo. Puedes sentir tanta decepción que acabes poniéndote triste. Es una sensación de indefensión que te lleva a bajar los brazos y lamentar no haber conseguido aquello que quieres. Somos tan tontos que siempre buscamos culpables: cuando fallas, alguien lo tiene que pagar.

Esa rabia y esa depresión acumuladas por tu frustración actúan como un asesino silencioso que te va cortando las alas. Y, desde ese lugar, no vas a estar demasiado *onfire* para sacar conclusiones interesantes de las cosas que te pasan.

Fracasos y aprendizajes

Un mantra del pensamiento naif dice que «Detrás de un fracaso, hay un aprendizaje». ¿Te suena? Esa frase puede ser muy dañina, pues sugiere que eres idiota si no aprendes algo de inmediato cuando las cosas salen mal. Hace mucho tiempo, cuando entrenaba a boxeadores profesionales, estaba en el vestuario de una velada de boxeo preparando a mi pupilo. Nos tocaba salir en el último combate, de modo que éramos testigos de todo lo que iba sucediendo a lo largo de la noche. El boxeador que salió justo antes que nosotros volvió en muy poco tiempo magullado y cabizbajo. Su entrenador le dijo: «¡Arriba ese ánimo, unas veces se gana y otras veces se aprende!». El chaval estaba hecho polvo, y la frase acabó de dejarlo KO. Si bien es cierto que la experiencia también es el resultado de los aprendizajes que extraemos de nuestras equivocaciones, si te obligan a sacar una enseñanza cuando te estás sintiendo un fracasado, te va a resultar imposible.

El *timing* del aprendizaje

Como en tantos aspectos en la vida, el paso del tiempo es una condición indispensable. Se requiere tiempo para digerir un fracaso.

Cuando las cosas salen mal necesitas asimilar lo ocurrido antes de poder extraer un aprendizaje. Cada uno de nosotros es diferente, y lo que para una persona requiere de un mes a otro puede llevarle un año. Lo importante no es tanto saber cuánto tiempo vas a necesitar para reparar tu corazoncito, sino tener claro que es necesario que el tiempo pase.

Tras una desilusión, debes ser comprensivo con el flujo de las emociones que vas a sentir hasta que puedas aprender algo de lo sucedido. Vas a pasar una etapa de estupor en la que te quedas como un conejo mirando los faros de un coche.

Piensas que eso no te está pasando a ti, te niegas a aceptarlo. Tras ese sentimiento de sorpresa, aparecen de forma consecutiva la rabia, la tristeza y el abatimiento. Deja que esas emociones fluyan a través de ti, no luches contra ellas y acabarán pasando. Cuando te peleas con lo que sientes, se crecen. Así son tus emociones: si las agarras, quedarás atrapado. A medida que transcurren esos sentimientos, puedes tratar de pensar qué podrías hacer la próxima vez que estés en la misma situación. No seas tan *gilipollers* como el entrenador de boxeo de la sección anterior, ten en cuenta que a la herida causada por la frustración debes aplicarle la tirita del tiempo. Paradójicamente, cuanto más rápido quieras pasar de página, más presente vas a tener tu descalabro.

El elogio del fracaso

> A un escritor solo se le juzga por su capacidad de fracasar.
>
> WILLIAM FAULKNER

¿Te has preguntado cuántas veces ha fallado un prestidigitador antes de dejarte alucinando con su espectáculo? Fallar y que todo se tuerza forma parte del juego. Pensar que las cosas nos deben salir bien a la primera es de primero de pringados.

Cuando cumplí cincuenta años viajé a la cuna del karate,

la isla japonesa de Okinawa. Fui con la intención de perfeccionar ese arte marcial con mi anciano profesor, el *sensei** Shinzato Katsuhiko, y me llevé un aprendizaje inesperado.

A pesar de mi edad, quise impresionarlo con mi karate. Me pidió que realizara unos ejercicios llamados *katas*. Los hice tan fuerte que casi me desmayo del esfuerzo y del calor. El maestro se rio como un niño cuando acabé y me dijo: «Es impresionante lo fuerte que golpeas, pero eso no es karate. El karate no son los golpes, el verdadero arte está en lo que pasa entre golpe y golpe». Me sentí muy frustrado, llevaba más de cuarenta años centrando mi atención en la finalización del golpe y, de repente, el maestro me indicaba que tenía que trabajar las transiciones. Tras esta primera clase, yo ya pensaba que tenía que tirar lo que había aprendido hasta entonces a la basura. El señor Shinzato me pedía hacerlo todo al revés. Me sentía torpe y en cada entreno quería desaparecer cuando él me decía: «Así, no, *Bikutoru san*»,** y me lo decía muchas veces cada día.

Todavía intento asimilar ese aprendizaje, aunque no lo logro. Tengo grabado en la mente cómo lo hacía el maestro a pesar de tener ochenta años, pero llevo tatuados en mi cuerpo los cuarenta años de práctica previa. Voy mejo-

---

* *Sensei* es la palabra japonesa con la nos referimos a un maestro. La traducción literal de la palabra es «el que nació antes» y denota mucho respeto por parte del alumno a su profesor. Se utiliza en cualquier ámbito en el que una persona enseña a otra.

** El japonés es un idioma curioso. Mi nombre, Victor, se descompone en las siguientes sílabas japonesas: Bi-Ku-To-Ru. Como la U apenas suena, si lo pronuncias rápido, suena más o menos como Victor.

rando, aunque no logro hacerlo natural ni de coña. Sin embargo, he podido trasladar esa idea a la vida en general, y ese es otro de los regalos que me dio mi *sensei* en aquel viaje. Lo normal es fracasar, pero lo importante es lo que hacemos entre fracaso y fracaso.

Además de prestar atención a los reveses, debes aprender a mejorar la transición entre situaciones frustrantes y planes fracasados. Si sabes que lo normal es fracasar, te vas a frustrar mucho menos.

El arte de fracasar bien

> Fracasaste. Da igual. Fracasa otra vez. Fracasa mejor.
>
> SAMUEL BECKETT

Si aceptas que meter la pata forma parte de la vida, es posible que, a la larga, dejes de temer que las cosas no salgan bien. De hecho, cagarla es tan habitual que a menudo defino el éxito como la capacidad de fracasar en fracasar.

Afrontar los retos que se ponen ante ti, a sabiendas de que lo normal podría ser fallar, hace que te prepares para obtener el mejor resultado, aceptando la posibilidad de que las cosas que deseas salgan mal.

La sabiduría popular nos anima a «ensayar y errar». Tener una buena vida pasa por correr algunos riesgos que, tras el aprendizaje que proporciona la experiencia, cada vez son menos.

Lo que de verdad es punk es saber fracasar, y para ello aquí te dejo las leyes del buen fracasador:

- Acepta que la vida conlleva riesgo e incertidumbre. No sabes lo que va a pasar.
- Prepárate lo mejor que puedas, pero nada sustituye a la acción si lo que quieres es mejorar. Pensar demasiado para intentar manejarlo todo puede dejarte atascado.
- Recuerda que solo llega un espermatozoide, millones se quedan por el camino. La vida es muy exigente y, por tanto, es posible que fracases.
- Deja de luchar contra las emociones que vienen tras un fiasco. Respeta tu tiempo, permítete sentir la sorpresa, la frustración, la rabia y la tristeza. Ser normal significa poder vivir todas estas emociones.
- No hagas caso de los que te piden que saques aprendizajes cuando aún estás dolido por tu fracaso. Toda herida necesita su tiempo para cicatrizar.
- Pon atención a la transición entre fracaso y fracaso. Recuerda que lo que ocurre entre ellos es la clave para mejorar tu vida de manera razonable.
- El arte de convertir un chasco en información interesante para ti no lo enseñan en la escuela. Dedicar

espacios de reflexión cuando te hayas recuperado del golpe siempre está bien. Si no eres capaz de encontrar sentido a lo que te haya pasado, deberías visitar a un profesional.

- Busca voluntariamente el fracaso de vez en cuando, así lo conocerás mejor. Si las cosas te han salido siempre bien, o tienes mucha suerte o no has arriesgado nada. Acometer un proyecto que te venga un poco grande sabiendo que es posible que fracases te vacunará contra el terror a fallar.

- Tatúate en algún lugar que no siempre vas a acertar. Me imagino que tú, como yo, eres resultado de muchas cagadas y, oye, en el fondo, ¡ni tan mal!

Transformar el fracaso en información

Si tienes en cuenta que la vida es frágil, que algo se rompa o se haga añicos es bastante normal, y si vives la vida haciendo malabares, no es nada raro que algún elemento acabe rodando por los suelos.

A pesar de todo, has hecho muchas cosas en la vida y, aunque haya habido decepciones, has llegado hasta aquí. Por tanto, eres resultado de la suma de tus fracasos.

Tip: No luches contra ese sentimiento de sorpresa. Aparecen consecutivamente la rabia, la tristeza y el abatimiento.

14

REINVENTA Y REVIENTA

> No te lleves una gallina, llévate el gallinero.
>
> ELEUTERIO SÁNCHEZ «EL LUTE»

Juan se sentó delante de mí y se puso a llorar. Tenía cincuenta años y, justo al acabar el confinamiento, lo despidieron de su trabajo de toda la vida. «No sé hacer nada más, llevo treinta años en esta empresa. Me han echado y parece que un chaval me sustituirá por menos dinero. Estoy jodido. Veo imposible conseguir un trabajo con un sueldo parecido, ¿cómo voy a mantener a mi familia? No creo que pueda adaptarme a cómo funcionan las cosas ahora».

Era un comercial de la vieja escuela, de los que quedaban para comer con sus clientes y, tomando unas cervezas, lograba muchos pedidos. Durante la pandemia, la situación había cambiado y la empresa había dado un giro hacia lo digital. La modernización de su sector había conllevado un cambio en la dirección de la sección de ventas y el nuevo jefe había reestructurado la manera de vender. Ahora, con las nuevas tecnologías y el marketing digital, el trabajo de Juan se quedaba obsoleto. La empresa comenzó a deshacerse de los viejos dinosaurios, más caros y menos eficientes.

En la siguiente sesión parecía más animado. Me contó que había leído el libro de un famoso gurú que hablaba de la reinvención. Después de varias semanas en shock, la lectura le había dado esperanza y estaba decidido a reinventarse. Un par de sesiones después me contó que iba a montar una pequeña sociedad con dos compañeros suyos, que también habían sido despedidos. Me dijo que por motivos económicos iba a dejar las sesiones y que, si me necesitaba, ya contactaría conmigo. Se sentía mejor y me dio las gracias por la ayuda prestada.

Un año después volvió, roto y angustiado.

Su intento de reinventarse había fracasado del todo. Había perdido gran parte de los ahorros que tenía y trabajaba de camarero en el bar-restaurante de un cuñado suyo. Se sentía aterrorizado, con ansiedad y con muy pocas ganas de seguir adelante.

¡Peligro, gurús!

> La reinvención busca que obtengas el éxito en alguna cosa, y solo se conforma con la medalla de oro. La medalla de plata es el fracaso, y eso, paradójicamente, es perder la plata.
>
> Lo podría haber dicho Slavoj Žižek

El ensayista Nassim N. Taleb suele decir que «si desaparecieran los gurús, solo los echarían de menos sus madres». El nivel de conocimientos y de predicción del futuro que tienen muchos de estos «sabios» está muy sobrevalorado. De hecho, no te fíes de alguien por el hecho de que haya publicado un libro. Te aconsejo que, antes de depositar tu confianza en ese alguien, te informes de su trayectoria profesional, de si en realidad es tan bueno en el tema sobre el que escribe el libro. Imagina un médico con cierta reputación como cardiólogo que escriba sobre aspectos de la psicología aplicada al liderazgo. La primera pregunta que debe venir a tu cabeza es: ¿Qué experiencia tiene como psicólogo? ¿Es famoso porque escribió el libro o escribió el libro tras ser bueno en su trabajo? Si un autor vende muchos libros, la posibilidad de que aparezca en la pantalla de tu teléfono móvil aumenta de forma exponencial. Pero eso no lo hace un experto en el tema. Lo hace un *famoso* del tema. Muchos de estos gurús han florecido en el mundo empresarial, tienen ganas de hacerse ricos a tu costa y, al ser conocidos, los bancos, las empresas eléctricas y las multinacionales les pagan bien por dar discursos que encajen con sus intereses. En ese contexto, cualquier disparate compuesto por las palabras tipo neuro, hábitos o actitud, parece tan cierto como las Tablas de la Ley.

Los contenidos de este tipo de enfoques no solo no están refrendados por la ciencia, sino que son una especie de paja mental, simples ideas sin fundamento que suenan bien. A ese pensamiento que te invita a poner en práctica en tu vida estrategias de alto rendimiento empresarial lo llamo *Masturmanagement*.

Masturmanagement

Aplicar el pensamiento naif a la empresa para luego traerlo de vuelta a la vida personal como técnica de éxito es una de las tramposas estrategias para engañarte. Hablar de tu vida en términos económicos, como rendimiento, productividad o liderazgo, es otra de las perversiones de un sistema que lo único que quiere es que consumas y te portes bien. De este modo, charlatanes con trajes a medida nos hablan de cómo reinventar nuestra vida, nuestro trabajo y nuestra pareja. Detectar a estos personajes es sencillo, suelen aderezar su discurso citando a generales de la antigüedad, directores de grandes empresas o filósofos. Hablan poco de su experiencia profesional y son tan siniestros que lo hacen eligiendo aquello que encaja con lo que nos quieren vender.

El *Masturmanagement* sigue el principio de que lo hagas tú mismo. Tiene muchos conceptazos que empiezan por «auto». La automotivación, por ejemplo, sostiene que debes motivarte a ti mismo hablándote de manera asertiva. Para lograr eso, proponen hacer formaciones o leer libros en los que tienes que cambiar tu forma de pensar para poder conectar con una especie de «fuente universal», caerte mejor y ayudarte a conseguir grandes logros. Lo bueno de esta automotivación es que solo depende de ti. Lo puedes hacer tú mismo, sin excesivos costes. De entrada, parece tan sencillo que piensas que estaría bien intentarlo, pero, si te fijas con detenimiento, es como caer en un pozo y querer sacarte tú mismo de él tirándote del pelo.

Otro concepto ganador es el autoliderazgo. No necesitas a nadie que te lidere. Esos gurús de la reinvención y de la vitamina emocional van a hablarte de Steve Jobs, que inventó la hostia en patinete en el garaje de su casa, o del coronel Sanders, que se forró vendiendo pollo frito tras jubilarse. Si no tienes mucha idea sobre liderazgo, vas a caer en la tentación de apuntarte a cursos tipo «Lidérate a ti misma», «Empoderarte está en tu interior» o «La abundancia del universo te espera detrás de la esquina». Si eres más seguidor que líder, pensarás que un curso te va a ayudar por fuerza. No obstante, déjame que te haga una pregunta: ¿crees que estos líderes han aprendido a serlo con algún curso de Instagram o en un libro de 19,90 euros?

La voluntad de ser únicos o especiales está detrás

de este deseo de ser líder. Si te sientes una mierda, tratar de convertirte en un caudillo de la resistencia galáctica puede que no sea la mejor opción, porque, cuando veas que no lo logras ni de coña, lo único que reforzarás es tu sentimiento de poca valía. Esta es la gran fórmula de ese negocio:

- Te sientes mal.
- Te venden que ser la hostia es fácil.
- Compras esa mierda y no te sale bien.
- Te sientes mal.
- Vuelve a empezar porque si no lo logras es que eres bobo.

La pregunta ¿para qué quieres ser líder? puede llevarte a que te tomes una cerveza contigo mismo. Si no lo has hecho nunca, seguro que te ayuda, porque lo verdaderamente jodido es darte cuenta de que no te gustas demasiado. Sin embargo, aprender a sacar partido de tus ojos tristes es mucho mejor, y más sencillo, que querer ser otro.

Cuando seas consciente de eso, ¿sabes qué va a pasar? Que algunas personas dejarán de ganar dinero contigo.

Recuerdo que a mis trece años vi un libro de musculación en la librería del barrio que costaba doce pesetas (0,07 euros). Pensé que sería excelente leerlo para ponerme cachas. Emocionado por el descubrimiento, llegué a casa y le pregunté a mi padre si me daría las doce pesetas para comprarme el libro. No era mucho dinero, ni siquiera en el lejano 1975, y mi padre me dijo: «Yo te las doy, pero, ¿has pensado que tendrás músculos de doce pesetas?».

Si haces tu curso de liderazgo de 19,90 euros, ¿has pensado que serás un líder de 19,90 euros?

A liderar se viene aprendido de fábrica.

¿Te imaginas a Elon Musk o a Susan Wojcicki* en un curso de liderazgo? Si te soy sincero, yo no. De hecho, siempre desconfío de un líder que tiene que dar cursos para vivir. Si aun así te compras el libro, o te apuntas al curso, te enseñan a explotarte a ti mismo para liderarte solo. Acojonante. Debes ser productivo, visionario y autónomo mientras te ofrecen bienes de consumo inmediato, cada vez más fáciles de obtener. Si no tienes pasta, no te preocupes: te la darán a crédito.

Te has liderado a ti mismo para estamparte en la primera curva. ¿Y sabes lo peor? Si metes la pata, serás el único culpable.

* Susan Wojcicki es la CEO de YouTube, la puta ama, vamos, pero ya sabes que en un mundo donde impera el patriarcado conocemos a los tíos y las chicas pasan desapercibidas.

Misión imposible: el propósito

Tienes treinta y cinco años, ¿aún crees en los gnomos?

EDDIE MAFUZ

Si no tienes un propósito de vida, o una misión, eres tonto de baba. Como te has creído la película del autoliderazgo, lo más importante ahora es que sepas hacia dónde tienes que ir. Lograr el propósito es algo como dejarte llevar por un río en kayak. El río te lleva lejos sin esfuerzo aparente. La corriente, el desnivel, juegan a tu favor y te deslizas súper porque has hallado el verdadero *flow*. ¡Ay de ti si no lo tienes, porque serás un *gilipollers* que luchará toda la vida contra la corriente!

En el camino a la reinvención, la búsqueda del propósito es como pretender atrapar al príncipe azul. El psicólogo Bruno Bettelheim decía en su libro *El psicoanálisis de los cuentos de hadas* que el príncipe es azul porque siempre está en el horizonte. ¿Te has fijado que las cosas que están muy lejos al aire libre se ven azuladas? Como sucede con el horizonte, si te acercas, el condenado príncipe se aleja. Con el propósito pasa lo mismo. Si tienes la suerte de encontrarlo, parte del camino está allanado. Se parece a ser un náufrago y poder ver la costa. No tienes la certeza de llegar, pero al menos sabes hacia dónde nadar. Tener esa especie de «misión» y sentir la llamada de la selva puede ser una bendición, al menos al principio.

Cuando no tienes ese maldito propósito, pero todos insisten en que debes tenerlo, te pones a buscarlo. Libros, documentales con música New Age, fotos de Pinterest, tazas de Mr. Wonderful. Hay un pedazo de industria detrás de ello, pero ¿cómo puedes encontrar algo que no tienes ni puñetera idea de lo que es? Podrías no reconocerlo jamás. Cuando no lo encuentras te desesperas, te sientes abandonado en medio del mar, moviendo los brazos, sin orientación alguna, hasta que te ahogas.

Resiliencia

En la autopista a la reinvención, no puede faltar el discurso de la resiliencia. La Real Academia de la Lengua Española la define como:

La capacidad de adaptación de un ser vivo frente a un agente perturbador o un estado o situación adversos.

Otra palabra maravillosa, ¿eh? Ser resiliente tiene que ver con ser capaz de aguantar situaciones adversas. Y no basta con que te mantengas fuerte, también has de hacerlo con humor, bondad, perseverancia, flexibilidad y controlando tus emociones, no sea que te consideren una nenaza. Pero ¡cuidado!, aguantar no significa combatirlas, ni superarlas. Ni siquiera, aprovecharlas. Aguantar, colega, te convierte en un pringado. Por otro lado, déjame que te diga que, si tienes que adaptarte, ya vas a remolque. ¿Para qué necesitas la resiliencia si no es porque la vida te puede dar una patada en el culo de vez en cuando? Se ha escrito mucho sobre el tema. Y lo que suele ocurrir es que las cosas se banalizan cuando se ponen tan de moda. La idea de la resiliencia irrumpe cuando el psicólogo Boris Cyrulnik la usó para explicar cómo personas que habían sufrido grandes traumas en su infancia habían salido adelante. A pesar de que no te haya sucedido nada tan terrible como a los niños que Cyrulnik describe en sus libros, también vas a sufrir. Cuando la vida te sorprende y te da una buena hostia, quedas tocado y medio grogui.

Remontar un combate en el que ya has besado la lona está al alcance de muy pocos, así que más te vale que andes con cuidado porque, de una manera sutil, te están avisando. Parece que te digan: «Reinventarse no va a ser fácil, pero tú aguanta, que al final vas a triunfar». Si no lo consigues, eres un tarado. Una persona floja que no aguanta ni el soplido de una mosca.

Recupera el *ser normal*

¡Qué buen vasallo, si tuviese buen señor!

EL CANTAR DEL MIO CID

El escritor japonés Yukio Mishima era tan crack que escribió una novela en una noche y en otra compuso una ópera. Autor prolífico y dotado de una enorme sensibilidad, se le considera uno de los genios del siglo XX. Desde su infancia, fue tratado con el máximo respeto como reconocimiento a su origen familiar y a su grandeza intelectual. Siempre fue un enclenque y, decidido a quitarse la vida mediante la ceremonia llamada *seppuku*,* quiso trabajar su físico para poder suicidarse con un cuerpo bonito. Se apuntó a un gimnasio de culturismo y boxeo, y empezó sus entrenamientos. Cuando se calzó los guantes por primera vez, se golpeó en la mandíbula para probarlos. Al ver lo que hacía, su entrenador le dijo: «Eso lo hacéis todos». Mishima lo miró y respondió: «Por fin soy normal».

No todo el mundo ha nacido para reinventarse, para ser líder, y mucho menos para ser un resiliente de la hostia. Si pretendes forzarte a serlo vas a sufrir, porque no hay nada peor que no reconocer las propias limitaciones. No pasa nada si eres un tipo normal. A ese que necesita de una tribu para salir adelante en lugar de ser el Llanero Solitario. Como decía Mario Moreno «Cantinflas»: «No se me adelante, pero tampoco se me atrase». Nadie es mejor que tú porque sea líder de cualquier cosa y nadie es peor que tú porque reme en lugar de ser el timonel. Todos hacemos falta para que la canoa llegue a su destino.

Jugar a ser líder a petición de otros es la más cruel de

---

* El *seppuku* es un ritual de suicidio tradicional del Japón, más conocido entre nosotros como *harakiri*, una expresión que significa «cortarse el abdomen». El *seppuku*, además del corte en el vientre, acaba cuando tu mejor amigo, el *kaishakunin*, te corta la cabeza. Mishima perdió la vida de esa forma el 25 de noviembre de 1970, y fue el último ciudadano japonés en morir por *seppuku*.

las paradojas. Si lo haces porque otros lo exigen y no sale de ti, no dejas de ser una persona normal. Imagina el esfuerzo titánico que hace una persona tímida para hacer una presentación. Aun haciéndola bien, será muy difícil que esa persona acabe pareciéndose a Obama el día de su nombramiento. ¿Y qué? Lo que importa, en realidad, es si has podido entender su mensaje.

Aunque no lo veas a simple vista, enciende la luz. Hay un gran negocio detrás de todo este asunto de la reinvención. Me chirría el marketing que hay detrás de frases como «Te ayudamos a conseguir tus sueños» o «Alcanza el éxito en 21 días».

Quizá lo rompedor es hacer como Yukio Mishima, querer ser normal. En un mundo donde te dejas la piel pretendiendo ser la hostia, eres bueno simplemente siendo tú. En mis años de experiencia, me he dado cuenta de que no hay nadie normal. Es lo que llamo «la paradoja de la normalidad»: lo normal es no ser normal.

Reinvienta: morir reinventando

> No existe nadie que, sin suerte, pueda triunfar.
>
> GROUCHO MARX

Acabo de acuñar esta palabra. *Reinvéntate*. Lo más común es reventar cuando tratas de reinventarte. Hace falta saber tocar muchas teclas para interpretar la sinfonía de renacer. La realidad es dolorosa. Detrás de esto de reinventarse, hay gobiernos incapaces de ofrecer empleo estable y empresas que se benefician de la precariedad. Se han sacado de la manga que te resulte bonito buscarte la vida Que te lances al vacío con la idea romántica de que puedes llegar a ser Steve Jobs y volver a empezar en un garaje.

Sin tener ni idea de cómo hacerlo, vas a salir al terreno de juego para enfrentarte a profesionales de verdad. En nuestro país, sin ir más lejos, se está animando a emprender y la gente no tiene habilidades adecuadas para ello. Se cierran el 80 por ciento de los negocios en España antes del primer año. Has leído bien: de cada diez negocios nuevos, solo dos llegarán a la segunda temporada. Hay que ser muy perverso para animar a las personas a una transformación para la que no están dotadas.

He hecho un decálogo de las habilidades mínimas que necesitarás para reinventarte. Coge papel y lápiz porque vamos a repasarlas juntos:

Las Leyes Universales de la Reinvención

- Tener un proyecto. Sin él es como empezar la casa por el tejado. Al menos deberías saber qué carajo quieres hacer. Si no tienes una buena idea, deja de querer reinventarte. Es mejor vegetar que dejarte los ovarios en la cuneta mientras fracasas.
- Debes estar actualizado y ser muy curioso. Estar al

día con las tendencias, y conocer muy bien lo que manejas puede ayudarte a crear algo interesante. Si no tienes curiosidad, estás sentenciado. ¿Qué hace la posible competencia? ¿Qué se hace en otros sectores que se podría aplicar al mío?

- Saber —una *miaja*— de ordenadores. No hace falta que seas Zuckerberg, pero si te has de poner a hacer un curso de Office o no tienes ni idea de hacer una reunión online y debes aprender desde el principio, tu sentencia será de muerte.

- Tener pasta. Cualquier proyecto requiere de un tiempo para fructificar, porque debes tener muy claro que las tormentas llegarán. La gente que emprende tiene fondos para apechugar durante los malos inicios.

- Invertir con cuidado. Gastar en formaciones que imparte gente que no conoces de nada y a la que no se le conoce oficio alguno no es buena idea. Si haces un curso es porque tienes muy claro que esa información es necesaria para tu proyecto.

- Ser currante 24/7. Si piensas que para reinventarte no tienes que trabajar, lo llevas claro. Emprender cualquier cosa va a llevarte a la extenuación. Vas a explotarte, te vas a acostar con tu jefa. Recuerda que cuando te quieras sentar a descansar, ella lo va a saber todo porque ella eres tú.

- No te metas en mierdas. Ojo con entrar en un rollo piramidal, donde pagas por aprender a hacer algo que luego debas enseñar a otros aspirantes a la reinvención. Una especie de Herbalife del éxito vendiendo *coaching* o *bitcoins*. Eso es un sacapasta que lo único que va a hacer es endeudarte.

- Ser competitivo. Piensa que vas a competir por un trocito de mercado. Las grandes empresas son unas psicópatas como Hannibal Lecter, pero entre los aspirantes a la reinvención hay mucho hambriento dispuesto a comerse tu hígado crudo si hace falta, y a esos no los ves venir.

- Tener tu marca personal. Has creado una imagen y te reconocen en el sector como alguien que sabe de lo que habla. Si eso no es así, tienes trabajo por delante porque no vas a lograrlo en poco tiempo. La gente no es tan idiota como pueda parecer. Crear ideas, contenidos y que la gente confíe en ti es un curro de mil pares, no lo olvides.

- Saber de marketing. Para que compren lo que eres o lo que tienes para vender deben saber que existes. Si careces de conocimientos de ventas, ya me dirás cómo van a conocerte. Siempre puedes contratar a un equipo de marketing para que te ayude, pero vale una pasta. Tampoco es nada fácil encontrar a la persona adecuada, piensa que hay bastantes vendehúmos en el sector de las ventas.

Bonus track: hay quien es más prudente y prueba una semirreinvención. Nadie ha escrito todavía sobre eso. Haces una formación, o un máster de algo, y te postulas para renovar la empresa en la que curras. La revolución *desde dentro* parece menos arriesgada. En el ámbito sanitario, por ejemplo, he visto a buenas médicos tratar de cambiar el sistema por dentro y acabar sumiéndose en terribles depresiones. Algunos de estos *innovadores internos* acabaron perdiendo la amistad de todos y, al intentar que todos abrazasen su fe, se convirtieron en unos cansinos.

15

SIN PERDÓN

> Te heriré por esto. Todavía no sé cómo, pero
> dame tiempo.
>
> George R. R. Martin

El perdón lo cura todo

Para los naifs, que se disfrazan de muchas corrientes, no absolver a alguien que te hizo mucho daño puede provocarte, como mínimo, un cáncer de vejiga. Sé que no eres tan tonto como para creerte esto, porque no solo es una mentira como la copa de un pino, sino que encima los muy mamones tratan de hacerte sentir culpable. ¿Por qué? La respuesta es sencilla: por la pasta. La Iglesia se ha forrado con el dinero que se ha usado para limpiar las culpas, y ellos usan la misma técnica. Te venderán cualquier disparate y pagarás lo que sea con tal de sentirte inocente.

Pensarás que soy un insensible, pero es que hay cosas

en la vida que no sé si se pueden llegar a perdonar. Hay mucho cabronazo por ahí y en mi consulta he tratado a personas a las que les ha pasado de todo. Casos que harían estremecer hasta al mismísimo Stephen King. Frente a algo tan terrible como una violación, abusos, una infancia de maltrato o, peor aún, de negligencia, ¿qué podemos hacer?

Aunque una pandilla de majaras te acuse cuando tengas una enfermedad de no haber perdonado a alguno de tus padres o algún disparate por el estilo, ni se te ocurra hacerles caso, no les dediques ni un minuto de tu tiempo. Lo que sí te puedo garantizar es que si perdonas sin ganas de hacerlo, por obligación, vas a acabar peor que la niña de *El exorcista*, incluidos los espumarajos y la bajada de escalera boca abajo.

Tener que perdonarlo todo por fuerza es algo que has mamado desde pequeño en nuestra sociedad, porque, aunque te cueste reconocerlo, hemos escuchado el padrenuestro y llevamos tatuada en la mente esa letanía de «perdónanos nuestras deudas, así como nosotros perdonamos a nuestros deudores».

Lo curioso del perdón *bíblico* es que se nos olvida que es Dios el que lo lleva a cabo. No tú. Querer jugar a ser Dios es meter la pata. Si piensas en premiarte cuando perdonas a alguien que no quieres, debes de estar intoxicado por exceso de flores de Bach.

Entiendo que caigas en la trampa del perdón porque, aunque seas un escéptico, cuando estás jodido te acabas aferrando a creencias de lo más naif.

Perdón y sanación

«Ahora voy a salir. Si veo a algún cabrón ahí fuera, le mataré, y si a algún cabrón se le ocurre dispararme, no solo le mataré a él, sino que mataré a su mujer, a todos sus amigos, y quemaré su maldita casa, ¿me habéis oído?... Deberíais enterrar a Ned». Así habla Will Munny, el personaje principal de la película *Sin perdón*, interpretado por Clint Eastwood, cuando descubre que han asesinado a su amigo y han usado su cadáver como decoración.

Si hay algo que se ha exagerado es el perdón. Se han sobreestimado su bondad y su efecto reparador. Se han llenado muchas horas de psicoterapia buscando perdonar al prójimo. ¿Cuántas veces te han sugerido perdonar? He presenciado a personas que golpeaban almohadas, insultando a gente con la que tenían problemas atascados en el tiempo, para luego abrazar los cojines con una mezcla de lágrimas, mocos y perdón. Es una técnica sencilla de usar porque toda explosión emocional conlleva un alivio cuando viene la calma. Como en aquella historia del tipo que se daba martillazos en la cabeza y que, cuando le preguntaron por qué lo hacía, respondió: «¡Porque cuando paro me da mucho placer!».

A esa relajación *postmartillazo*, el gurú de turno lo llama sanación. He visto satisfacción en los ojos de algunos terapeutas cuando los participantes de sus sesiones grupales se han desmoronado mientras realizan dinámicas orientadas a perdonar. Te puedo asegurar que muchas personas salen de esos encuentros con un buen dolor de tripa. Hay una estafa perversa en afirmar que perdón y cura van siempre de la mano. Después de una abreacción,* no es raro que la persona siga sintiéndose mal, o incluso peor. En esos encuentros de *sanación* suelen abrirse cajones de sufrimiento que muchos de esos gurús no saben cerrar. Muchos estudios sobre eficacia en psicoterapia demuestran que llorar, gritar o desesperarse en la sesión no tienen ningún efecto positivo en el tratamiento.

El perdón, como tantas cosas de la vida, es espontáneo, debería nacer sin esfuerzo. Lo razonable es que, poco a poco, surja en ti la posibilidad de perdonar. Lo otro, cuando te fuerzan a ello, es como si obligaran a dos niños a perdonarse después de una pelea.

«Perdonar obligado es como follar obligado», decía mi abuela.

Mis padres son unos pendejos

María, una mujer de unos cuarenta años, llegó a mi consulta y me dijo: «Vengo porque hace más de un año que no hablo con mis padres. Me siento una mala hija por no ir a verlos, pero es que cada vez que voy a su casa me machacan. Cuando entramos en un bucle, mi madre me insulta y me grita. El último día que los vi, mi madre me dijo

* *Descarga* emocional en la que están presentes los sentimientos originales de la persona asociados a una experiencia desagradable del pasado.

que era una puta, no pude más y le grité. Mi padre se puso a defenderla y me empujó escaleras abajo. Cuando me hicieron eso, me sentí como una niña desvalida». María se lamentaba de que su madre nunca la había querido y de que sus comportamientos la habían avergonzado desde que tenía memoria. Por lo que me dijo, su madre tenía un trastorno mental y su padre era un hombre rudo y poco comunicativo.

Me contó que, como eran tan tóxicos —había leído un libro que decía que hay gente así—, había hecho caso a lo que ponía el libro y se había alejado para protegerse, pero eso la hacía sentir muy culpable. «Vengo para que me ayudes a perdonarlos. Solo si hago eso, podré ser una buena hija». Le pregunté si había hecho otras terapias y de qué manera había intentado resolver la situación. Me respondió que había visitado a un anciano jesuita, amigo de la familia, y que este le había recomendado que fuera generosa y los perdonara. Con los labios apretados, me dijo: «Sé que debo perdonarlos, Victor, pero no me sale... ¡Son un par de pendejos!».

Se sentía triste y avergonzada, pero lo que más me llegaba de su discurso era la rabia. Cuarenta años de dificultades, de afrentas y de sentimientos contradictorios pesaban demasiado como para perdonar así, chasqueando los dedos.

Si ya resulta difícil perdonar a un vecino gilipollas, imagina perdonar a quien se supone que te debe proteger, cuidar y querer, y en lugar de eso te hace mucho daño.

Los sentimientos de María son comprensibles. Al final, a todos nos afecta esta ambivalencia con nuestros padres. Una parte de ti los ama de forma incondicional, pero la otra parte les rompería una botella en la crisma. Lo natural es sostener esta combinación y que no se note demasiado, aunque en su caso el botellazo ganaba de calle. Lo que le ocurría era que su *buena hija interior* la hacía sufrir porque seguía deseando que sus padres la quisieran de modo diferente.

De hecho, si te paras a pensarlo, perdonar a tu viejos te coloca en una posición de superioridad moral. Como si te creyeras mejor que el otro porque tú sabes educar mejor, has hecho formaciones en crianza positiva o eres de izquierdas. Tal vez has tenido la oportunidad de saber cómo gestionar mejor algunas situaciones, te lo has currado yendo a terapia, pero eso no te hace mejor persona. Tal vez no has pensado que la condescendencia del mensaje: «Yo te perdono», puede cabrear al perdonado y empeorar las cosas.

Perdón o reconciliación

Volvamos a María. Por un lado, se había sentido dañada toda su vida, estaba llena de rabia y su entorno la obligaba a un perdón que a ella no le surgía. Por otro lado, se creía *mala hija* por mantenerse lejos y haber cortado toda comunicación con sus padres.

Aunque a otra persona le hubiera ido genial resolver el problema de esa forma, a ella le hacía sufrir.

Estaba en un callejón sin salida.

Si quería ayudarla, el paso previo era disminuir su sentimiento de rabia. Estando tan cabreada no podíamos hacer demasiado. Es una cuestión de *timing*: las cosas llevan su ritmo y, si quieres hacerlas bien, no conviene tener prisa. Teníamos que disminuir el enfado de María para poder llegar a una especie de arreglo, un acercamiento entre las partes en conflicto, tratar de conectarlos de nuevo sin tener que perdonar al otro. Lo que se llama una *reconciliación*.

Hablo de una especie de artificio en el que hacemos *como si* perdonáramos. Una especie de borrón y cuenta nueva. Haces una cuenta nueva, pero ahí tienes *el borrón*. Es algo como «dar una oportunidad», a pesar de sentir desconfianza. No vas a dejar de ver la mancha, pero eso no te impedirá seguir adelante.

Le dije a María que no se esforzara en hacer nada en relación a sus padres, que no tratara de perdonar. También le pedí que dedicara veintiún minutos al día a escribir todas las putadas que sentía que su familia le había hecho. Debía hacerlo cada día, durante tres semanas. Durante todos esos días, transitó por la rabia, la tristeza y la frustración, pero volvió a la consulta con una sonrisa de satisfacción. «Traigo carnaza. He escrito mucho y me he dado cuenta de que mi madre está muy enferma para haber hecho todo eso. Tengo un duelo por no tener una madre *normal*. Pero no soy mala hija por tratar de protegerme».

Tras haber hecho lo que le pedí, estaba más tranquila y pudimos seguir adelante.

Que la página pase en lugar de pasar página

> Nunca fuerces nada. Haz lo que puedas y luego déjalo ser. Lo que tenga que pasar, pasará.
>
> Mi abuela CARMEN

«¡Pasa página!» es otra de las frases prefabricadas que la gente te dirá cuando te lamentes por alguna afrenta. Así trataba de ayudar a María el papá de sus tres hijas. Conocía la situación y, cuando ella se quejaba de sus padres, él la invitaba a mirar hacia adelante. «¡Ya sabes cómo son, no debería importarte! Ahora que los has puesto en su sitio, mira hacia adelante, no vale la pena».

Apresurarte a juntar el perdón y el paso de página es una estrategia perdedora. No puedes precipitarte a pasar de pantalla si aún no has asimilado el dolor causado por los acontecimientos traumáticos sufridos. Las heridas tardan en cicatrizar y, como cada uno de nosotros tiene una capacidad regenerativa diferente, lo conveniente es respetar tu propio tiempo.

Por lo que a mí respecta, puedes quedarte en la página el tiempo que precises. No la pases hasta haber leído todo lo que necesites, notas al margen y pies de foto incluidos, y mucho menos si no has entendido nada del contenido. No es fácil asimilar los sinsabores de toda una vida.

Cuanto más forzamos a la gente a hacer algo, menos logramos que lo hagan, de modo que lo conveniente es entender que cada uno lleva su ritmo para pasar sus propias páginas.

Muchos de los sinsabores de la vida pasan solos. El mérito está en transitarlos sin esquivarlos, aun sabiendo que duelen. La sabiduría está en entender que no siempre puedes arreglar los entuertos.

Haber sufrido una herida tremenda como un maltrato o abuso difícilmente es perdonable, y para pasar una página como esa tal vez necesites a un profesional.

No tienes obligación de perdonar a un *hijueputa*. Digerir el pasado debe ayudarte a seguir adelante, aun sabiendo que esa persona existe y que esos hechos tan dolorosos pasaron. Con un poco de suerte, no tendrás que volver a verlo, y si te toca seguir cerca de alguien así, tras haber aprendido a sobrellevarlo deberás respirar hondo y aprender a torearlo.

Kit de supervivencia cuando no hay perdón que valga

> Por eso vete, olvida mi nombre, mi cara, mi casa, y pega la vuelta. Ahora soy yo la que quiere estar sin ti.
>
> PIMPINELA

María realizó unas cuantas sesiones más y volvió a contactar con sus padres, para ella eso era importante. Descubrió que no tener que perdonarlos era una mejor forma de normalizar la relación. A sus tres hijas les gustaba visitar a la abuela, y al final todos aprendieron a estar más tranquilos cuando se encontraban. Se veían de vez en cuando con un espacio razonable entre visitas, y María puso en práctica otras maneras de responder a los extraños comportamientos de su madre. Cuando la veía, no dejaba de tener una especie de añoranza por no haber tenido una madre más *normal,* pero acabó aceptando que era la única madre que tenía. He aprendido mucho, acompañando a personas que no podían —y no debían— perdonar.

Lidiar con situaciones imperdonables nunca va a ser sencillo, pero te voy a dar unos *tips* que quizá te funcionen:

- Acepta que hay cosas imperdonables. Cuando llevas tiempo tratando de perdonar y no lo consigues, deja de forzarte. Habrá que adoptar otra estrategia.

- Vístete despacio. Para superar un evento o una historia traumática, necesitas tiempo y tener un plan para salir de ese infierno. No te apures, aunque los demás tengan prisa.

- Del pozo no siempre se sale solo. Tener un equipo a tu alrededor es importante, puede ser tu pareja, alguien cercano o una profesional. Si sientes apoyo, todo será más fácil.

- Saca tu rabia a pasear. Escribir durante un tiempo las afrentas recibidas, o el trauma por el que pasaste, te va a ayudar. Puedes escribir cartas rajando y cantándole las cuarenta al otro. No tiene que leerlas, es para que vacíes tu mala leche. Si lo que te pasó fue muy gordo, quizá necesites supervisión profesional.

- Haz vudú terapéutico. Poder expresar tu ira y vengarte de manera simbólica. Esta técnica consiste en clavar agujas a un muñeco hecho por ti o dibujar a la persona cada día, haciéndole cambios hasta convertirlo en un personaje grotesco o que haga reír.

- Meditar está bien, pero para algunas personas boxear es mejor. Si la rabia no te permite seguir adelante, una actividad física intensa puede ser más útil que tratar de relajarte o no pensar. Si ves que esas cosas no te funcionan, juega al tenis o al baloncesto, o haz algo que no te deje pensar.

- Si no puedes perdonar, recuerda el plan R, *Reconciliar*. Para poder pasar pantalla, a veces debes reconciliarte con lo que sucedió o con la persona que te ofendió. Reconciliarse no es perdonar. Es algo más parecido a «perdono, pero no olvido». Reconciliarse pasa por poder tener en cuenta tu propio dolor, no solo el del otro. Y viceversa.

- Las heridas cicatrizan con el tiempo. Si se cura bien, una cicatriz es diferente a lo que había antes. Siempre estará allí, se convierte en una zona sensible, pierde elasticidad, y después sientes cosquillas al pasar tu mano por ella.

- Cuando la cabronada es en familia, puedes cortarles el agua. Tomar distancia física o emocional es un recurso útil cuando es adecuado para el caso. No hay que amar a nadie por obligación. Tomar distancia con la tribu, no obstante, tiene su precio. No vas a estar flipando de alegría todo el tiempo. Aunque sea la medida más oportuna, recuerda que pasarás un duelo y en algún momento te sentirás solo y culpable.

16

MANUAL DEL PERFECTO AYUDADOR TÓXICO

Lo único importante es aparentar.

MEGAGLOWEN (youtuber)

«¡El mundo está lleno de desagradecidos!», solía decir una señora con la que tuve vínculos familiares. A lo largo de mi vida me ha tocado bregar con gente chunga, pero, por fortuna, he conocido a pocas personas tan venenosas como ella. Se metía en tu vida, opinaba de manera cruel y tenía unas leyes de convivencia tan *random* que recordaban a las de la Reina de Corazones de *Alicia en el país de las Maravillas*. Para ella, todos éramos unos ingratos porque tratábamos de sobrevivir sin hacerle el menor caso. En una ocasión, mientras me sermoneaba, me di cuenta de que creía, de verdad, que ayudaba a los demás.

Deberías ir con cuidado, aunque es difícil ser tan malvado como esa mujer, pues suele suceder, con más frecuencia de lo que imaginas, que, queriendo ayudar, acabamos jodiéndole la vida a alguien. Como decía Albert Camus, «el mal que hay en el mundo casi siempre viene del no saber. Las buenas intenciones pueden hacer tanto daño como la malicia, si carecen de entendimiento». Así que, como verás más adelante, es muy fácil liarla parda cuando no sabes cómo ayudar. Después de todo lo que has leído hasta llegar aquí, ahora no es el momento de meter la pata. Debes conocer lo que la empatía mal entendida puede provocar.

Toxic empathy

> Dios mío, cuídame de mis amigos, que de mis enemigos me cuido yo.
>
> VOLTAIRE

Nadie, que yo sepa, ha escrito sobre la empatía ponzoñosa. La ayuda, cuando no es solicitada, causa más dolor que la propia situación que está atravesando la persona en cuestión. Hace unos días, sin ir más lejos, mi amigo Roberto me contó que su pareja había hecho un retiro basado en el *Curso de Milagros**. Tras ese fin de semana, ella

---

* *Curso de Milagros* es el título de un libro escrito en 1976 en el que la premisa principal es la cura de todo dolor emocional a través de la presencia del amor. Es el colmo de lo *japiflauer* y ha dado lugar a infinidad de formaciones, algunas muy poco serias.

llegó muy animada y «conectada con el universo». Durante el taller había hecho una visualización y sentía que mi amigo tenía que ir al psicólogo porque pensaba que estaba preso de sus emociones y que no sabía expresarlas. Le dijo: «He sentido mucha empatía por ti y creo que sufres mucho en tu interior».

Hasta aquel momento, mi amigo había vivido sin problemas. Estaba feliz con su familia y su trabajo. Llevaba diez años con su mujer y me confesó que la amaba como el primer día. Nunca antes había visitado a un psicólogo, pero estaba decidido a hacer caso, para contentar a su pareja. En sus sesiones de terapia, el profesional le mandaba tareas psicológicas muy duras, como escribir a su niño interior o revisar traumas del pasado. La hipótesis del psicólogo era que, en realidad, solo *aparentaba estar contento*. «Crees que estás bien, pero tienes muchos bloqueos y no cuentas nada de lo que te pasa», le repetía su psicólogo. A medida que la terapia avanzaba, mi amigo se sentía cada vez peor, reaccionando con ira y tristeza a ese proceso. El terapeuta le dijo que era el resultado de enfrentarse a sí mismo por primera vez. Con el paso de las sesiones, le forzó a hablar con su padre acerca de cosas que habían pasado durante su infancia. Cuando lo hizo, su padre, también de pocas palabras, no entendió nada. Se puso a la defensiva y, como consecuencia de esa discusión, se distanciaron. Como colofón a todo este periplo, convino con su terapeuta hablar con su esposa y expresar sus emociones. Reservó un fin de semana en un hotelito con encanto, colocó a los niños en casa de su madre y planificó una cena romántica. Durante la cena, Roberto se abrió emocionalmente. Le dijo que la amaba, que estaba orgulloso de lo que habían conseguido, y se disculpó si en alguna ocasión no había hecho suficiente. Ella, tras escucharlo, le dijo: «Pues yo tengo dudas. Creo que ya no te quiero como pareja. Necesito tiempo». ¿¡WTF!? ¡Bendita empatía la de esa mujer!

Había embarcado a su marido en un cohete con destino a la Luna sin el combustible necesario para volver. Tuve la sensación de que, en un inicio, si alguien tenía un problema no era él. ¡Maldita la ayuda recibida! ¡Con amigos como estos no necesitas enemigos!

Cuando interpretas que las personas de tu alrededor lo pasan mal, o *te parece* que lo pasan mal, pones en marcha tu sistema superempático*. Es lo normal, ¿qué vas a hacer en esa situación, si eres sensible?

Te lo diré. Harás lo que crees que te están pidiendo. Ayudar sin pensar.

Como profesional, me sorprende descubrir cuántas maneras tenemos los seres humanos para atormentar a los demás en el día a día pretendiendo aliviarlos en sus problemas. Debes saber que estás dotado para la ayuda con las herramientas perfectas para afligir a quien sea. A poco que te lo propongas, martirizarás a los demás con tus deseos de que sean su mejor versión.

Aunque no seas un *coach*, actúas como tal, deseas que las personas de tu alrededor mejoren, crezcan y triunfen

* No lo busques en Google, me lo acabo de inventar.

en la vida. Puede que llames a eso empatía, pero está muy lejos de serlo. Hacer lo que quieres que te hagan, o pensar que los demás necesitan lo mismo que tú, es demasiado egocentrista. Recuerda que la verdadera empatía es hacer lo que el otro quiere que le hagan.

Por otro lado, te aviso de que hacerte mayor no es garantía de nada. Hasta que te mueras, tienes la oportunidad de cagarla. Hay muchas personas mayores que son capaces de volver loco a su prójimo, al haber perfeccionado, sin saberlo, su capacidad de hacer el mal *bienintencionadamente*.

En los capítulos anteriores descubriste qué cosas son las que te mantienen en el fango. Algunas de estas cosas las haces tú solo, sin necesidad de nadie. En otras, has visto cómo son los demás los que pueden amargarte la vida. Ahora lo que me toca es advertirte de cómo puedes envenenar a los demás sin querer.

El manual del perfecto *santurrón tóxico*: de la empatía a la ayuda

> Mr. Bean está en su mejor momento cuando no habla.
>
> Rowan Atkinson

Sobre las bondades venenosas, tengo una libreta llena de anotaciones como las que te cuento a continuación. Es una especie de compilación de los errores de estrategia en los que puedes caer cuando te apresuras en ayudar.

Hoy mismo, en las redes ha saltado una de mis *red flags*. He visto un *post* de una conocida entrenadora personal a la que sigo. Es una persona con mucho carisma y cercana con sus seguidores. Creo que su éxito radica en ser capaz de contar cosas que le han sucedido de una manera fresca sin ir de enterada. Está harta de los mensajes que suelen dar los entrenadores vendehúmos porque pueden causar mucho daño a quienes los leen, haciéndoles creer que hacer lo que dicen produce resultados mágicos. Su *post* dice así:

> Aquí estoy, revisando internet cada cinco minutos para ver si han dejado de poner titulares tipo «Tres técnicas infalibles para bajar barriga, Adelgaza tres kilos en dos días o Ponte en la mejor forma de tu vida con cinco minutos de ejercicio al día».

Una médico que la atendió hace tiempo le comenta lo siguiente:

> Es mejor centrarse en tu objetivo y dejar de fijarse en lo que no te gusta. Perder el tiempo, la energía y la salud en todo aquello que no puedes cambiar no solo no te ayuda en nada, sino que te hace mal. Es como darse golpes en la pared. Sería bueno cambiar el rumbo. Es un consejo de alguien que te aprecia, te sigue y te ve.

¡Atención, peligro! Quiero pensar que la doctora tiene buena intención, pero obvia tres cuestiones vitales:

- No se da cuenta de que nadie le ha pedido consejo.
- Hace un comentario que no tiene nada que ver con el *post*.
- Presupone que elegir dónde pones la atención es una cuestión voluntaria.

Si hubiera un zoo para santurrones tóxicos, esta doctora tendría una jaula. Aunque no estaría sola, compartiría el lugar con los siguientes ejemplares:

El empático reactivo *(Reactivus empaticus)*

Es una de las maneras más universales de destrozar a un ser querido. No lo dudes. Este enfoque se basa en pretender ser empático escuchando al otro para, de inmediato, darle consejos imposibles de seguir. Así, sin hacer nada más. Un ejemplo es pedirle a tu amiga, a bocajarro, que esté tranquila en una situación que le genera ansiedad o decirle a un amigo obsesivo que sea más flexible con sus manías, y, como no te hacen caso, pasarte el tiempo dando sermones a la peña mientras piensas: «No sé de qué se quejan, si luego no hacen nada para arreglar sus problemas».

El *gilipollizador (Empaticus gilipollensis)*

Acudir solícito y de modo eficaz para resolver el problema del otro seguro que te convierte en un mal ayudador. Pruébalo, porque si lo haces con alguien de manera repetida y con gran intensidad, consigues que el otro se convierta en un indefenso y un flojo. Cada vez será más inepto y se hará cargo de menos cosas cada vez. Ordenar y limpiar el cuarto de tu adolescente, tras sermoneos, trifulcas y discusiones, es una forma muy común de convertirlo en un inútil. Suele ocurrir que tengas la sensación de que se espera de ti que ayudes y, como no puedes resistir ese mandato, acabas pringando.

En una ocasión traté a un hombre de treinta y seis años que vivía con su madre. Me contaba las discusiones que tenía con su mamá, y le pregunté por qué, a su edad y con un buen sueldo, vivía con su madre. Me dijo: «¿Estás loco?, en mi casa hay magia. Dejo la ropa tirada en el baño ¡y al día siguiente la tengo limpia y doblada en mi cajón!». ¿Lo ves? Gracias a los esfuerzos de su madre, nuestro hombrecito se había convertido en un auténtico *gilipollers.*

El relativizador *(Empaticus relativicus)*

Es una de las habilidades más artísticas del maldito bienintencionado. Animar a alguien quitándole importancia a algo que le preocupa es como ponerle la alfombra roja a la amargura. Pídele a quien se queja de un acoso por parte de su jefe «que le resbale» o sugiérele que «aguante, que no es para tanto». Es una táctica ganadora que genera mucha frustración en el sufriente. Ayer, sin ir más lejos, fui al tanatorio para despedir al padre de un amigo, que murió a los noventa y nueve años. Murió tranquilo, en compañía de los suyos. Un fulano se acercó a mi amigo y a sus hermanos y les dijo con un semblante triste: «Por fin descansa, ya era muy mayor». Pensé que el hecho de que fuera un anciano no le quitaba ni una pizca de tristeza a la pérdida. Y el tipo, que se había quedado descansado con una frase manida, y relativizadora, se despidió tan contento.

El compulsivo (*Compulsivus empaticus*)

El ayudador compulsivo es Batman, en lo alto de un rascacielos, mirando dónde puede ayudar. Para ser compulsivo de verdad, además de ayudar a todo el mundo, tienes que hacerlo *sin que te lo pidan*. Esa es la clave para ser un auténtico superhéroe: la ayuda no solicitada no suele contentar al ayudado. Reaccionar a la queja del otro te precipita a hacer cosas y a esforzarte donde no te requieren. Como resultado de eso, nadie le agradece nada al bienhechor, al contrario: el otro se siente invadido y molesto porque entiende que te estás metiendo en su vida.

Hace algún tiempo, una chica de treinta años se había ido a vivir con su pareja. El muchacho tenía un bonito apartamento en una escalera de tres pisos en la que vivían sus padres y sus abuelos. Lo que sobre el papel resultaba una bendición se fue convirtiendo en una pesadilla. La madre del novio disponía de la llave del piso y, en su tiempo libre, recogía el apartamento, ordenaba las cosas e incluso había llegado a llenar la nevera. No era raro que les llevara unos *tuppers* con los restos de la comida que hacía también a los abuelos. La muchacha, que seguía una dieta keto,* al ver los contenedores plásticos llenos de macarrones en su refrigerador se ponía enferma. Por otro lado, era una mujer inteligente y se daba cuenta de que la señora se esforzaba por que estuvieran felices. «¡He recogido el piso y te he dejado unos *tuppers* para que no tengáis que hacer nada!», le decía a mi paciente mientras ella se quedaba sin palabras. A pesar de la benevolencia de la suegra, la muchacha cada vez se sentía menos respetada y más enfadada. En mi consulta, he atendido a personas de ambos bandos, benefactores compulsivos y receptores de ayuda no deseada. La mala noticia es que todos sufren.

Protector en huelga japonesa (*Empaticus japonicus sindicalistum*)

Dicen por ahí que en las huelgas japonesas lo que hacen es trabajar más. No son idiotas: al parecer, durante la

* Dieta cetogénica, alta en grasa, adecuada en proteínas y baja en carbohidratos. Su objetivo es generar una cetosis similar al ayuno.

huelga producen a saco y se llena el *stock* de producción. Se acaba la materia prima, pero la empresa, al no haber vendido los productos, tiene problemas financieros para comprar el material. Eso implica que, para tener dinero líquido, deban vender su producción almacenada rebajando su precio. Si eso es así, es una putada para la empresa de la que se beneficia el consumidor. En lo que a hacer el bien respecta, el asunto no funciona de la misma manera. Si eres un protector desbocado, parece que lleves tatuado el lema *Proteger y servir.* Tu principal foco de preocupación es que el otro no sufra y poner una especie de barrera protectora para que ningún mal afecte a tu ser querido. Puede ser un padre que quiera evitar que su hijo se haga daño o una madre que debe ocuparse de todo para liberar a sus hijos de cualquier aspereza del camino. En una ocasión, vi a una madre que se ocupaba de todo y que trataba a su hijo como si fuera tonto. Lo hacía todo por él. El chaval estaba harto de que su mamá no le dejara hacer nada y se enfrentaba con ella de manera violenta.

Proteger al otro, de forma tan extrema, impide que las personas puedan enfrentar sus propias amarguras y dificultades. Y, curiosamente, el protegido siente mucha ira contra el protector, que, de algún modo, le dice «eres un pusilánime y no puedes hacer nada sin mi ayuda».

Wu Wei: El arte del no hacer

¿Ves? He ganado, si quieres ser como yo, debes aprender el arte de luchar sin luchar.

BRUCE LEE en *Enter the Dragon*

Siempre he sido amante de lo contradictorio, de modo que no te extrañará que te diga que, en ocasiones, lo mejor para ayudar es dejar de hacerlo. Ten presente que algún día vas a morir y que el mundo seguirá adelante sin ti. No eres tan imprescindible, las personas deberían salir adelante con sus propias capacidades. Como en tantas otras cosas, el veneno está en la dosis y lo mejor es comprobar si lo que haces es efectivo. Continuar haciéndolo cuando ves que los demás siguen tu *flow* solo tiene un nombre: *monguer*.

Como nunca querría eso para ti, veamos que sugerencias puedo hacerte:

- Pregúntate si realmente te han pedido opinión o ayuda. No basta con que la intuyas o te lo parezca. Para actuar necesitas recibir una demanda clara tipo: «¿Puedes ayudarme en esto, por favor?». O si eres un profesional: «¿Puedes darme hora en tu consulta para ayudarme en un asunto?». Si no suena así, no hagas nada.
- Si has recibido una solicitud que no es muy clara,

puedes preguntar: «¿Me estás pidiendo algo al decirme esto?» o bien, «¿Necesitas que haga algo en concreto para ayudarte?».

- Si detectas que estás aconsejando y no te están siguiendo, debes dejar de hacerlo de inmediato. Escucha y ten compasión, no digas nada. Si dices algo, que sea algo tipo: «Lamento esto que te ocurre» o «Qué putada más gorda». Después de eso, puedes aplicar el punto 2.

- Aprende a aguantarte cuando veas que a alguien no le van las cosas demasiado bien. Recuerda que cuando te quejas no siempre estás pidiendo ayuda. Piensa que hay cosas que tú no toleras o no te molan que al otro pueden no importarle.

- La verdadera empatía es hacerle al otro lo que le gusta que le hagan. Preguntar siempre es mejor que cagarla. No pretendas leer la mente de las personas: si la gente fuera como tú, sería tú.

- Ayudar es a veces no hacer nada. Es estar presente en el sufrimiento de los demás. Si visitas a un amigo en el tanatorio por la muerte de un ser querido, poco puedes hacer, comentar que «Ya descansa» o «Ahora ya no estarás tan cansado de cuidarla» es correcto, pero no alivia nada. Un abrazo en silencio puede ser mucho más expresivo que unas frases enlatadas.

17
EL FINAL

> Creo que la felicidad es saber unir el final con
> el principio.
>
> PITÁGORAS

Todo camino debería llevarte a algún lugar. Al principio ya te anticipé mis intenciones: darle la vuelta a todo aquello con lo que nos han bombardeado acerca de cómo sentirnos mejor, de cómo conseguir las cosas que quieres. En algún lugar leí que para que un discurso emocione debe relatar algo tuyo, así que déjame que te cuente una historia al respecto.

Llevaba años estancado con el deseo de escribir este libro. En mi web, un astronauta anunciaba que estaba escribiendo un libro. Había leído libros sobre cómo escribir (el de Ray Bradbury, el de Stephen King, el de Haruki Murakami, entre otros). Aun así, evitaba sentarme a escribir. Estaba acojonado y mi astronauta empezaba a incomodarse, congelado en el espacio exterior. A pesar de que mis *posts* en las redes sociales estaban fluyendo bastante bien, no me atrevía a empezar. Un día, recibí una propuesta de la editorial: «Hola, hemos visto que estás escribiendo un libro, ¿quieres que te lo publiquemos?».

Pensé que era ahora o nunca. Decidí reunirme con ellos y me pudo ese ego de chulito de barrio que tengo. Los convencí de que tenía un buen producto y salí de la reunión con un contrato firmado. Mi miedo se multiplicó por diez.

Sabía lo que quería decir, pero no me resultaba nada fácil ponerlo sobre el papel. Estaba con un cague de mil pares de narices, me enfrentaba al reto de la página en blanco. No sabía cómo contarlo, escribía una página como si fuera Cervantes y la siguiente como si fuera Punset... En fin, un caos, vamos. Mi diálogo interno, en lugar de ayudarme, me estaba machacando bastante: «¿Quién te crees que eres?», «Todo está dicho, ¿qué chorradas vas a aportar?», «No tienes autoridad para escribir y no sabes hacerlo» y la más maravillosa de las frases del auténtico impostor, «¿Qué opinarán mis colegas de profesión y el resto de la gente?».

Pasaban las semanas y estaba varado en el puerto, sin atreverme a navegar. El chico de barrio que pensaba que se podía enfrentar a todo estaba siendo derrotado. «Necesito ayuda», pensé. Y me puse a buscarla. Contacté con Alicia, le conté cómo me sentía y ella dijo: «¡Te ayudo, tío!». Ella, como una entrenadora, tenía que ayudarme a ordenar y clarificar mis propias ideas y, sobre todo, a mejorar la técnica. Sin su profesionalidad, probablemente, no estarías ahora leyendo esto.

Encontré a alguien muy preparado para que me ayudara, así que te sugiero lo mismo; sé cuidadoso, no pongas tu cerebro en manos de cualquiera.

Mi amigo, el nutricionista Pau Oller, siempre dice: «¡Contexto o barbarie!». Se refiere a que, para resolver problemas, debemos tener en cuenta las posibilidades de la persona. Eso también funciona al revés, debes tener en cuenta quién es la persona que vas a dejar que te ayude. Cuando quieras enfrentarte a tus demonios, te conviene recordar que gran parte de lo que encuentres por ahí es tan solo entretenimiento. Lidiar con el sufrimiento no es solo cuestión de gafas, ni de lograr pensar en cosas bonitas. Cuando estás jodida, los libros de autoayuda se parecen tanto a tu vida como una peli porno se parece al verdadero amor.

A partir de ahora, te invito a acompañarme a las barricadas de la Psicología Punk. Ahí vas a encontrarme, de forma activa, peleando en contra del pensamiento naif.

Espero que hayas podido quedarte con algunas de las ideas que he ido exponiendo. Ahora conoces muy bien las cosas de las que deberías librarte. Confieso que yo mismo fui un Mr. Wonderful hasta el año 2000. Probé terapias humanistas, transpersonales, constelaciones, Gestalt y muchas opciones más. Conocí y trabajé con personajes peligrosamente bienintencionados, gurús, chamanes, ¡hasta sacerdotes con muy poca vergüenza!

Te llevo treinta años de ventaja digiriendo esos fracasos. No tienes por qué recibir las mismas hostias que yo me llevé. He escrito esto para ayudarte a esquivarlas. Este libro es resultado de muchas experiencias, mías, de mis pacientes y de las personas que han asistido a mis cursos y conferencias. ¿Por qué no te aprovechas de eso?

Mi intención al empezar era estimular tu pensamiento crítico, animarte a chequear aquello que leas, te digan o las cosas que veas en tu pantalla. Hemos hablado de *monguers*, de marcianos, de iPhones, de la reinvención, del perdón, de los amigos y de la madre que los parió. He tratado de tocar temas que van a aparecer en tu vida, a veces para joder, a veces para crecer.

Has comprobado, además, que no soy *amimefuncionista*,* no te he contado aquellas cosas que me han ido bien a mí. He tratado de que te des cuenta de los grandes bucles que hay en la vida para que seas tú quien decida qué hacer.

Espero que te lleves ideas útiles, y recalco lo de útiles porque esto no es un evangelio. No hace falta que lo compres todo, usa aquello que te sirva en este momento, pero ten la Psicología Punk a mano. ¡Nunca sabes cuándo la puedes necesitar! Aunque tire piedras sobre mi propio tejado, sabes que este libro nunca sustituirá a un buen tratamiento psicoterapéutico. Recuerda que, si estás apurado, el encuentro entre dos o más personas trabajando en conjunto para resolver problemas es la mejor manera de abordar las dificultades.

---

* El *amimefuncionismo* es recomendar a todo el mundo lo que a mí me funciona, sin tener en cuenta lo que el otro puede hacer.

No sobreestimes tu capacidad para salir adelante por tu cuenta. Como has visto, podrías estar metido en un problema diabólico, esos que empeoran cada vez más.

Espero que, a través de la ironía, hayas sonreído en alguna ocasión, viéndote identificado con lo expuesto sobre el papel. Como tú, soy un tipo de carne y huesos,* y muchas de las cosas que he escrito me pasan o me han pasado. La vida, como he dicho por ahí, «es maravillosa, pero duele como el diablo».

Si, por el contrario, estás estupenda de la muerte, quizá pienses que el libro no te hacía falta. En ese caso, estoy seguro de que el libro le vendrá fenomenal a alguien de tu alrededor. ¡Puedes regalárselo!

Espero que el libro se venda, pero si no fuera así, tampoco sería grave, porque eso me permitirá seguir siendo ese psicólogo cercano que siempre te responde a través de las redes y que intenta ser un punk normal. Seguiré disfrutando de mi trabajo, la salud mental y emocional.

No sabes cuanto te agradezco que hayas leído este libro, me encantará dialogar contigo, tanto si quieres rebatirme como si te ha flipado lo que digo. Por eso, siempre que quieras, puedes encontrarme en las redes como **@victoramat01** o seguirme en mi canal de YouTube.

Si eres profesional de la salud y te interesa saber más sobre las cosas que hago, puedes contactar con escuelapalobajo@gmail.com, donde te informaremos de las formaciones y cursos que estamos llevando a cabo.

* ¡Huesos de jamón!

AGRADECIMIENTOS

Este libro es un proyecto que viene de largo. Quiero agradecer a varias personas a diferentes niveles. En lo personal, este libro se sustenta en todo lo que me dieron mis padres, su amor y, en especial, su capacidad de enseñarme a buscarme la vida y sobrevivir. No pasa un solo día en que no los tenga presentes.

En lo profesional, he de tener un recordatorio a mi profesor, el Dr. Allan Ferraz Santos Jr., sin duda, él me enseñó este oficio y le estoy muy agradecido.

En la realización de este libro, agradecer a Alicia Moll su ayuda inestimable a la hora de revisar mis textos y enseñarme que podía ser yo mismo. Dar las gracias, también, a mi editor, Oriol Masià. Su paciencia y flexibilidad a la hora de lidiar con mis fijaciones han permitido que este proyecto tan importante para mí viera la luz. Por supuesto, merece una mención la Editorial Vergara, por cuidar de los diseños, ayudarme en la promoción de la obra y, ¡cómo no! por arriesgarse a publicarme.